EL PRIORATO
DE SIÓN

Luis Miguel Martínez Otero

El priorato
de Sión

LOS QUE ESTÁN DETRÁS

EDICIONES OBELISCO

Si este libro le ha interesado y desea que le mantengamos informado de nuestras publicaciones, escríbanos indicándonos qué temas son de su interés (Astrología, Autoayuda, Ciencias Ocultas, Artes Marciales, Naturismo, Espiritualidad, Tradición...) y gustosamente le complaceremos.

Puede consultar nuestro catálogo en www.edicionesobelisco.com

Colección Estudios y Documentos
EL PRIORATO DE SIÓN
Luís Miguel Martínez Otero

1ª edición: Marzo de 2004
7ª edición: Octubre de 2004

Maquetación: *Marta Rovira*
Diseño de cubierta: OPAL works

© 2004, Luís Miguel Martínez Otero
(Reservados todos los derechos)
© 2004, Ediciones Obelisco, S.L
(Reservados los derechos para la presente edición)

Edita: Ediciones Obelisco S.L.
Pere IV, 78 (Edif. Pedro IV) 3ª planta 5ª puerta.
08005 Barcelona-España
Tel. 93 309 85 25 - Fax 93 309 85 23
Castillo, 540 -1414 Buenos Aires (Argentina)
Tel y Fax 541 14 771 43 82
E-mail: obelisco@edicionesobelisco.com

ISBN: 84-9777-093-5
Depósito Legal: B-42.039-2004

Printed in Spain

Impreso en España en los talleres gráficos de Romanyà/Valls S.A.
Verdaguer, 1 – 08076 Capellades (Barcelona)

AGRADECIMIENTOS

A:

Conchi Carrillo
Jaime Cobreros
Manolo González
Crescente Martínez Lecumberri
y Joaquina Otero Vizcarrondo.

Por diversas razones.

Introducción

Los que están detrás

«Son las fuerzas secretas y sus sociedades ocultas las que dirigen el mundo»

BENJAMIN DISRAELI
(Primer Ministro de Gran Bretaña)

El título del presente trabajo podría haber sido escuetamente «LOS QUE ESTÁN DETRÁS», porque de eso precisamente se trata. Tras los acontecimientos mundiales, las crisis que agitan al mundo y tras nuestra propia vida están, a nuestras espaldas, «los que están detrás». Todos lo sabemos. Para verles la cara tendríamos que darnos la vuelta, lo que se podría si se estuvieran quietos y no giraran con nosotros.

De haberlo titulado así, la referencia al Priorato quedaría casi como un subtítulo, lo que a ellos mismos, tan privadísimos cofrades, les convendría a las mil maravillas. De entrada concederíamos lo que precisamente quieren y acaso consiguen. Lo que muchos querrían para sí: *el control; estar detrás*. Nos tememos que tales deseos persigan reprimir la verdad, controlar el pensamiento, conquistar los «poderes» y negar al Espíritu.

El Priorato de Sión está *detrás* o quiere estarlo. Esta imputación semipública y semioculta, garantiza a sus miembros el dulce escalofrío de ser uno de los elegidos para el secreto. Pero al margen de jugar a disfraces, el Priorato está al servicio de una idea, de una inmensa pretensión soterrada, en ese coqueteo de velarse y revelarse alternativamente. Salvo que sólo sea la superestructura de un *modus vivendi* muy rentable, y al margen de la cotidianidad.

¿Cuál es su *leit motiv*, su constante, su *sruti* monocorde sobre la que construye el mensaje? El suyo es –tal quiere que creamos– una doctrina joánica secreta, gnóstica, esotérica, la única de salvación, y con ello un arcano dinástico, sagrado sobre todo, en trances de un pronto alumbramiento casi casi por inercia de la Historia. Aun si otras coronas europeas han querido revestir los mismos mágicos resplandores, el secreto de los reyes de Francia es el de ser descendientes del rey David y parientes de Jesucristo genealógica y sálicamente (derecho de primogenitura sólo por varón, como vemos veterotestamentariamente). La de Francia es la única dinastía ungida, no como las otras y no como la de David, con el óleo del profeta Samuel, sino con uno enviado por Dios y descendido del Cielo para la coronación de Clodoveo I. Y aunque también sea aplicable a los Capetos, no serían éstos sino los usurpadores de la herencia merovingia, no extinguida con Dagoberto II como nos enseña la Historia. No haberse extinguido replantea la existencia de un «rey perdido» (como hay tribus perdidas de Israel) cuyo último retoño –conforme a las Centurias de Nostradamus o las profecías del Venerable Barthélemy Holzhauser y otras más– será el Gran Monarca llamado a encabezar la lucha escatológica. El Sr. Pierre Plantard de Saint-Clair, «*inventor*» del Priorato de Sión, descendería directamente de ese rey perdido...

Ese 'rey' verdaderamente 'perdido' por nonato sería, en todo caso, del reino de Austrasia en una *Francia* que, además, contaba con el reino no menos merovingio de Neustria y con el reino de Borgoña... que continuaron su camino. Parece al historiador que la sucesión carolingia y luego de los Capetos, los Valois y los Borbón, son legítimas. No se avizora en el horizonte ningún rey más perdido de lo que todos lo estamos, ni es defendible una usurpación de Austrasia por los mayordomos de palacio, inhabilitadora de cuanto vino después.

Estar *detrás*. Los que verdaderamente lo estén son invisibles por definición, y por tanto no los vemos, no los conocemos. Hay una paradoja, pues la auténtica vocación de cualquier sociedad secreta (masonería, neotemplarios, rosacruces, Golden Dawn, Priorato de Sión y un kilométrico etcétera) es ser vista, sin lo cual no podríamos hablar de ninguna. Pero, grandes maestros de la desinformación, se alimentan de la publicidad. También con estas páginas les estamos nutriendo.

Otra sociedad que esa misma desinformación dice invisible por causa de disfraz, sería el Opus Dei, supuestamente fundada a imitación de la Orden del Temple que, como los caballeros de San Juan de Jerusalén, tenían el privilegio de no depender espiritualmente sino de sus propios capellanes juramentados o directamente del Papa.[1] Estaban formados por dos clases: clérigos y caballeros, bajo el patronazgo respectivo de los dos arcángeles, Miguel y Gabriel.

Es exactamente lo que pasa en el Opus Dei: la dirección espiritual y el sacramento de la penitencia se practican sólo en el interior de la Obra, con lo que todo queda en familia;

---

1. Bula pontificia *Omne datum optimum* de 1139. También para este tema ver Gérard de Sorval, *Initiation chevaleresque et initiation royale*, Dervy-Livres, París 1985.

y además son una prelatura personal con jerarquía propia, independiente de los obispos del lugar. Como en la Orden del Temple, en el Opus Dei encontramos socios numerarios bajo la advocación de San Miguel Arcángel, el príncipe de las milicias celestes que debe defendernos en la última batalla;[2] y socios supernumerarios, seglares, bajo la advocación de San Gabriel, que es el que llevó a Tobías al matrimonio. En la fresca madrugada, al pie de su cama, el socio de número pronunciará el *SERVIAM* («serviré"), dominador del diabólico *NON SERVIAM* de los ángeles caídos.

Otra que se ha puesto en el mismo saco es la Orden de la Compañía [militar] de Jesús, que fundó el capitán Don Iñigo López de Recalde (Ignacio de Loyola). Fue una compañía de soldados (los jesuitas) al mando de un General, en cuyo espejo no ha dejado de mirarse el Opus. Como en el Temple, antes que en el Opus, en la Compañía de Jesús vemos la bipartición de funciones entre miembros PROFESOS, los solos que prestan el cuarto voto de obediencia al Papa, y los simples jesuitas de tropa, los padres COADJUTORES. Poderosa Orden, fue acusada del plan subversivo expuesto en las apócrifas *Monita secreta Societatis Jesu* [3] (Instrucciones secretas de la

---

2   Tras la visión y audición que un día tuvo de Satanás al pie del altar, el papa Pío X ordenó universalmente entre las oraciones finales de la Misa (*Ordo Misæ* anterior a Vaticano II), incluir este impresionante exorcismo: «*Sancte Michael Archangele, defende nos in prælio; contra nequitiam et insidias diaboli esto præsidium. Imperet illi Deus, suplices deprecamur. Tuque, Princeps militiæ cælestis, Satanam aliosque spiritus malignos qui ad perditionem animarum pervagantur in mundo, divina virtute in infernum detrude*».

3.   Existirían igualmente unas *Monita privata Societatis Jesu* e incluso unas *Monita aurea*...

Compañía de Jesús), que de algún modo recuerdan los igualmente apócrifos *Protocolos de los Sabios de Sión*. Por aquí y por allá apunta la imputación de querer controlar al Mundo. Imputación. Y nada más.

Y ya que estamos, ¿por qué no incluir en la fantástica nómina a los Frailes menores, nacidos de la mística *imaginación* del dulce trovero Francisco de Asís, con su ORDEN TERCERA para los laicos?...

El juego de ser visto y después velarse es el caldo que suscita vocaciones. ¿Quién con una ambición *esotérica* –por ejemplo– se resistiría a la oferta de ingreso en una determinada obediencia, prestando juramento, garantizándose además la investidura de los tres grados en poco tiempo? Es el fundamento de la cooptación. No la resolución de una candidatura y de un proceso lento y trabajoso de acceso, sino el fruto de una elección que sobreviene inopinadamente, y que el electo confiado considerará debida al mérito. ¿Quién podría rechazar tal oferta?

¿Se puede decir que el Priorato de Sión es una sociedad secreta? Tendremos que explicarnos. Afirmarlo es echarles demasiadas flores; sería consentir que verdaderamente se mantienen en candilejas. Si nos atenemos a su constitución, es lo que quieren, y su ambición parece a priori desmesurada. Pero sí podemos decir lo que no es. No es una sociedad iniciática, pues no se deriva de ninguna autoridad espiritual, y no confiere ninguna ganancia de ser. Su organigrama interno, sugerente y sonoro, no parece tener miedo al ridículo. Iremos a ello. El artículo XII de sus estatutos organiza la Orden en 729 Provincias, 27 Encomiendas y 1 Arca, para un total de 8.941 miembros repartidos en 9 grados y divididos en dos: la Legión, encargada del Apostolado, y la Falange, guardiana de la Tradición. Pero nos situamos a mediados del siglo XX, lo que no tiene ni de lejos la suficiente pátina. Para hacerse con ella, tendrán que retrotraerse, como sea, a tiempos más arquetípicos. Manipular la Historia, que algo queda.

Qué importa; se puede tomar la Historia al asalto. En la génesis del Priorato estaría –también lo veremos luego– ser el núcleo duro y la pulpa de una nuez con una cáscara prestigiosa: la Ordo Milites Templi (O.M.T.–Orden de los Caballeros Templarios). Se ubican así gallardamente *detrás* de la historia bajomedieval de Occidente. Habrían sido los auténticos inductores.

No hay problema: la ciencia del historiador es insuficiente. No dispone de documentos *secretos*.

En este tipo de sociedades se manifiestan con carácter general los niveles de *exteriorización* de, al menos, dos universos interiores, uno subordinado al otro (los coadjutores subordinados a los profesos, los supernumerarios a los de número, en los antes citados). Ya el más exterior apelará hipócritamente a su propia condición y posesión del *secreto*. Sembrando la confusión. Y si encontramos –como era de esperar– a masones, rosicrucianos, *templistas*, teosofistas, antropósofos, egipcios, hermetistas, iluminados, escocistas, rotarios, bildebergers, cabalistas, sufíes, raelianos, nobles viajeros, superiores desconocidos... y aquel kilométrico etcétera que decíamos, también, en la misma nómina, junto a asociaciones estudiantiles tipo *Phi Betta Kappa*, *Alpha Delta Phi* (que conocemos por las películas americanas), etc, vemos al grupo Mensa (el de los Q.I.), la nomenklatura ex-soviética, el Consejo Mundial de las Iglesias, el Club de Roma, la Banca Mundial, o la CIA. Están *detrás*. No olvidamos a los que están más *detrás*. Hay todavía otras profundidades. Allí se emboscan las auténticos maestros del juego de los abalorios, tras quienes no subsiste sino el incógnito piélago de los uróboros de la arcilla que nos hizo. El *tohú wa.bohú*. Es la Sinarquía, la Trilateral, y quizás la mismísima *Coca-Cola*. El Priorato de Sión –si se nos permite lo impropio del paralelismo– ha exhibido pretensiones de alcance planetario muy propios de la *Coca-Cola*.

Pero nada es perfectamente lineal y manifiesto. En todos esos grupos y en cada uno –como en cada uno de nosotros– podríamos apreciar mociones aparentemente contradictorias: intensivas y extensivas, centrípetas y centrífugas, epifánicas y racionalistas, juramentadas y libres, sagradas y profanas, visibles e invisibles... Y como ahora nos interesa más lo intensivo, lo centrípeto y lo sagrado, es precisamente por donde nos tienen cogidos. Las sociedades secretas, pura exterioridad, se disfrazarán con ropajes epifánicos y sagrados. La posesión del secreto es lo que las avala.

Entre todas, la fenecida Orden del Temple, *renacida* en el s. XIX [4] para el disfrute de algunos comediantes, parece tener el máximo prestigio. Precisamente la pública opinión y los *media* que vorazmente se apliquen a estos temas, conceden a los templarios la posesión del más alto esoterismo; el del secreto masónico y joánico... Ellos son la nuez, la jerarquía

---

4. De manos de Fabré Palaprat (1735 / 1838) que, por 25 francos, habría adquirido un manuscrito *Evangelicon*, con una introducción y comentarios de nombre *Leviticon*. Incluía la profecía del último Gran Maestre Jacques de Molay, de que la Orden renacería cuando los tiempos fueran venidos según las leyes de su ciclo (véase también a este efecto a Jean Parvulesco, *La spirale prophétique*, p. 202 ss.). Ya hemos tratado este tema en una obra anterior.

secreta, la iglesia de Juan cuya cáscara, la iglesia de Pedro, estará formada en todo caso por legos ágrafos del verdadero secreto, cualquiera que sea su jerarquía dentro de la Orden o fuera de ella. Pues bien, la Orden del Priorato de Sión, desde su mítica fundación, se dice ser la auténtica nuez de la nuez, aunque, si así fuera, su necesaria invisibilidad impediría que mentáramos siquiera su existencia.

Ya hemos afirmado que lo propio de estas sociedades *secretas* es ser *evidentes*, y hemos descubierto lo paradójico de esta situación. Lo extraño de cada una es no haber guardado secreto el hecho de tener secretos.[5] Y hemos dicho que la malicia que las anima descubre, en otras sociedades de carácter filantrópico puramente inocentes, estratos profundos en los que aletearía un afán similar.

Ahora bien, el secreto es secreto si lo es por definición, aunque al final resulta mil veces cierto que un secreto inviolable no deja de ser divulgable.

Al margen de la pretensión a secretos concretos que se atribuye el Priorato, no hay duda de que poseen alguno que otro, de una particular naturaleza. Son secretos de tipo etnológico, folclórico o, en el mejor de los casos, de carácter intelectual o simbólico;[6] no de carácter espiritual y ontogénico, que tiende eficazmente a lo real objetivo.

---

5. «*The strange thing about Masons is that they have never kept secret the fact that they have secrets*». Cfr. FREEMASONERY, Alexander Piatigorsky, Harvill Press Editions, Londres 1999.

6. Lo decimos en el sentido de que los rituales del Priorato son simbólicos del mismo modo a como el juramento masónico es simbólico, a saber, que no es verdaderamente eficaz. Precisamente el símbolo se caracteriza por su eficacia. Salvo que sea otra cosa distinta.

El conocimiento público no alcanzará el único secreto cierto: el de su privacidad. Sólo ellos la conocen. Y siendo ellos y no el público general, no los grupos humanos ordinarios, los que pretenden la posesión de secretos, generan una situación absolutamente estimulante. No hay duda de que es una poderosísima arma para ponerse *detrás*, practicando además, *delante*, esos consejos de la prudencia masónica: exteriormente «*nihil contra legem, nihil contra religionem, nihil contra bonos mores*» (nada contra la ley, nada contra la religión, nada contra las buenas costumbres). No lo dirían hoy. Era muy cierto en tiempos en los que la religión contaba.

Podemos avanzar que el Priorato de Sión se presenta a sí mismo como el círculo más interior de la Ordo Milites Templi (Orden del Temple), coincidiendo en ambos el prestigioso fundador y los primeros Maestres generales, que eran comunes. Sin duda, la abolición de la Orden del Temple por Clemente V supone su extinción, y por ende la de ese mítico Priorato.

Si se acepta que haya existido con la antigüedad pretendida, de lo que no hay rastro que anime al historiador, jamás una u otro fueron restaurados. Es duro de admitir para algunas mentes febriles. En cualquier caso su subsistencia (la de la O.M.T.) quedaría hoy al margen de la que fue su legitimidad, como si, dejando de pertenecer a un cuerpo místico y sacramental, entrara en un universo exclusivamente profano. Pierde su condición canónica, eficaz, al quedar sin el amparo de la sanción eclesiástica. Con ello, definitivamente, su *influencia espiritual* alcanza el cero.

¿Qué significa esto, sino que el Priorato es una función teatral que, entre candilejas, huye del proscenio? Representación para el exclusivo disfrute de sus mismísimos cofrades.

CAPÍTULO I

En Sión. La leyenda

egún la leyenda, el Priorato de Sión fue fundado por Godofredo de Bouillon en Jerusalén, en el año 1099. La historia nos dice que Godofredo de Bouillon, duque de Lorena, fue el primer rey cristiano de Jerusalén. Fue un importante fundador: los canónigos de la Catedral de Anvers tienen a mucha honra haberlo sido por este héroe cristiano. Principal jefe de la Cruzada convocada por Urbano II, fue enviado a Tierra Santa. Partió en la primavera de 1096. Habiéndose opuesto los griegos a su paso, sitió la ciudad de Nicea, siendo emperador de Oriente Alexis Commenio. Éste, tuvo que defender sus fronteras contra la invasión normanda. En su palacio de Constantinopla se preguntaba qué locura occidental había motivado una tal cruzada: en Bizancio no se predicaban guerras religiosas, y no se comprendía el fanatismo de estos extranjeros por «su» Jerusalén (la de ellos), que a él no le interesaba.

El deseo de las masas occidentales por ver liberada una Tierra Santa profanada hacía siglos, le parecía oscuro. ¿Acaso no se encontraba en lugar seguro, no en Jerusalén sino confiado a la iglesia griega, para ser adorado, el tesoro del misterio de la Pasión: cruz, lanza, sudario, manto, espinas y clavos?[7]...

Aquellos, los cruzados, en su camino, entraron en Bizancio arrasando con cuanto se opusiera a su paso. Esta cuestión, los sucesos que siguieron, las terribles masacres posteriores y el saqueo de Constantinopla en 1204, están en el origen del *odium theologicum* que nos han tenido los ortodoxos.

El ejército cruzado estaba compuesto por 4.500 caballeros, 30.000 infantes de a pie, y 60.000 a 100.000 civiles y peregrinos. Tomaron Antioquía el 3 de junio de 1098, y al año siguiente, tras cinco semanas de sitio, cayó la ciudad de Jerusalén. Se nos quiso hacer creer que ese mismo año Godofredo fundó el Priorato de Sión.

La masacre, esta vez de infieles, fue horrible. Ríos de sangre inundaban la ciudad, y los vencedores, fatigados de la carnicería, se horrorizaron de sí mismos. Pero tras la victoria, Godofredo sólo pensaba en satisfacer su devoción. Se quitó la coraza y vistió de lana, circunvaló la ciudad con los pies desnudos, y acudió a visitar el Santo Sepulcro. Ocho días después, el 22 de Julio de 1099, los cruzados y la asamblea de Señores lo proclamaron rey de Jerusalén y del país. Pero Godofredo depuso la corona, no conviniendo llevarla de oro donde Jesucristo la llevó de espinas. Rechazó el título de rey, contentándose con el de duque y con el de defensor del Santo Sepulcro. Estableció un patriarcado. Fundó dos capítu-

---

7. cfr. Jean d'Armana (pseudónimo que oculta a la esposa del que fue director de la Ópera de Burdeos) en diversas obras, por ejemplo en *Le Vénusberg des Troubadours*, Les Presses Universelles, Avignon 1949.

los de canónigos regulares, uno en la iglesia del Santo Sepulcro, y otro en la iglesia del Templo. Fundó también un monasterio en el valle de Josafat y, quizá lo más importante, dio un código de leyes, que se imprimió por primera vez en Venecia en el año de 1535 y cuya copia se conserva en la Biblioteca Vaticana.

Godofredo, cuyas hazañas están consignadas en las *Labores Herculis Christiani Godofridi Bulliomii*, Lille, 1674, y también en la *Jerusalén liberada* de Torcuato Tasso, estaría en los prolegómenos mismos de la fundación de la Orden del Temple.

Sin embargo, otra *lectura* le presta intenciones bien distintas: la voluntad de apoderarse de una autoridad más soberana todavía, subordinándose toda autoridad sacerdotal o espiritual[8] o, en todo caso, compitiendo con ellas. Prestigio y poder. Sería este tipo de ambición lo que lo condujo a fundar el Priorato. Es más tarde cuando se constituye la Orden del Temple... es decir, el Priorato habría suscitado la creación de esta Orden hacia 1118, para ponerla a su servicio como mera cobertura. Difícil encontrar mayor insolencia.

Se dice que en 1099, el año de su entrada en Jerusalén, Godofredo de Bouillon cayó bajo el influjo de la Fraternidad de Ormus, una secta cristiana que se encontraría en el lugar desde los tiempos de Ormus u Ormessius, un sacerdote «será-

---

8. Al modo como el emperador Constantino el Grande subrogaba a su autoridad al mismísimo Pontífice y a los concilios eclesiásticos. En realidad fue una gran disputa medieval (cfr. el *De monarchia* de Dante): si, a la luz de Constantino –pagano no bautizado– presidiendo en la Edad Antigua el Concilio de Nicea, el rey está o no por encima del pontificado. Lo mismo acaeció con Carlomagno, aunque con mayor discreción.

fico» convertido por el apóstol san Marcos, y más tarde reconvertido a la iglesia de Juan, que no era una iglesia o comunidad particular, sino una opción o secta distinta, de carácter esotérico. Godofredo habría puesto su espada al servicio de esta iglesia joánica, de la que se reclama la citada Fraternidad. El resultado: la Orden de Sión. Delirios. Leyenda...

Los tiempos de ese tal Ormus son de finales de s. I y comienzos del II, y la primera noticia de una agrupación de cristianos unidos en comunidad de vida, para un fin común (lo que sería un buen antecedente del Priorato), es mucho más tardía; posterior en cuatro siglos. Se remonta al año 494, en Jerusalén. Su patriarca, Elías, funda un monasterio junto a su residencia, y recoge a los *spoudæi* de la Santa Anastasis (el Santo Sepulcro), unos ascetas que vivían dispersos, cada uno por su cuenta, en los alrededores de la Torre de David. Les dio a todos una célula bien cómoda.[9]

Esos *spoudæi*, como se llamaban a sí mismos, aparecieron en Oriente entre los s. IV y XIII, y llevaban una vida más austera que el común de los fieles. Sería un exceso afirmar que, por causa de un interés común, tuvieran la iniciativa de constituirse en algo parecido a cofradías o cenobios de «compañones». A lo que más se parece esta institución, es a las diversas *terceras órdenes* o *terciarios,* dicho sea con todas las reservas a que obliga una comparación osada.

Pero no es cuestión, por aquellos pagos, de ningún orden religioso ni fraternidad, de *Ormus* o cualquiera otro, en el sen-

---

9.   cfr. *Dictionnaire d'Archéologie chrétienne et de Liturgie,* vol. XXXIII, p. 2554 ss. París, 1914.

tido occidental. La iglesia griega, además, nunca conoció ni conoce nada parecido a las órdenes monásticas o similares. Lo que vemos ayer y hoy en determinadas *lauras*, cada una autocefálica, es otra cosa.

Los templarios no se relacionaron con la fantasmal Fraternidad de Ormus, sino con los que estaban por allí, instalados antes que ellos. ¿Quiénes, sino la venerable Orden Soberana Militar Hospitalaria de San Juan de Jerusalén (luego de Rodas, luego de Malta)? Con ellos se alían para la recuperación de las murallas de la ciudad o la erección y salvaguarda del nuevo templo, y *«esta unión se hizo a imitación de los israelitas cuando construían el segundo templo; mientras con una mano manejaban la paleta y el mortero, con la otra sostenían la espada y el escudo»*[10]. Sin embargo más tarde, tras el anatema del Temple en el s. XIV, se tildará a los de la Orden de San Juan –sin el menor fundamento, creemos–, de ser sus expoliadores. Verdades y mentiras, siendo la verdad que el Temple no funda ni es fundado por el Priorato de Sión. En cambio, bajo la regla de San Agustín, Godofredo de Bouillon va a fundar la Orden de los Canónigos Regulares del Santo Sepulcro, espejo donde se miró el Temple. Su vocación: velar sobre la tumba del Señor. Su regla: la de la caballería. Se condensa en la siguiente máxima: «mi alma a Dios, mi vida al Rey, mi honor a mí».

¿Se habría puesto al servicio de una cierta Iglesia de Juan, la clave occidental para cualquier esoterismo?... Las referencias

---

10. Del discurso de recepción del Barón André de Ramsay ante la *Gran Logia Nacional de Francia* en 1736. Cfr. Franz von Baader, *Les enseignements secrets de Martinès de Pasqually*, Bibliothèque Charconac, París, 1900.

de la preferencia joánica serían interminables, entre ellas las del Priorato de Sión. De este modo (botón de muestra), en la revista *Le Voile d'Isis*[11] (El Velo de Isis) se contempla al Temple como la Orden joanita encargada de garantizar la unión de Occidente con un oculto Centro del Mundo. Ocasionalmente es cierto que esta Orden tenía un contacto fluido, diplomático, con la mucho más refinada caballería musulmana, pero también se la relaciona con otras fuerzas que se quieren oscuras, como la secta de los Asesinos del Viejo de la Montaña. Eran una facción amurallada de influencia local que, para defender su ortodoxia islámica, y para defenderse de los que sostenían otra, mataban a cuchillo a sus oponentes, sorpresivamente, para lo cual se servían de «mártires» voluntarios más o menos drogados. Adquirieron fama. Pero no eran los poseedores del *secreto* (evidentemente no importa cuál pudiera ser), ni los misionados por el cacareado Centro.

Y todo aquello del joanismo, sin estar documentado (o sin estarlo suficientemente), pero entrando muy bien en la lógica de los tiempos.

Pero cuando perdemos definitivamente la cabeza sin peligro de que aparezca, es al sostener que, bajo pretexto de defender los Santos Lugares, los templarios se encargaban de proteger el inaccesible refugio de los Grandes Superiores desconocidos y, quizás, el refugio del mismo apóstol Juan, ya viejo de 1000 años. Cuya misión era la de instaurar, tras el Segundo Advenimiento o de modo previo, una jerarquía

---

11. Número especial consagrado al Temple en 1930. Esta revista era el órgano natural de expresión de René Guénon, Clavelle (Jean Reyor), Victor-Emile Michelet, el Dr. Probst-Biraber, Chacornac, etc.

superior al sacerdocio de Pedro y a la Iglesia romana. Sus directos representantes habrían sido en primer lugar los socorridos rosacruces, y de éstos, la innúmera retahíla de sociedades secretas: maniqueos, sufíes, gnósticos, francmasones, adeptos de Isis y de Sophía, etc., todos con una sola misión: preparar la catástrofe del mundo cristiano .

Todo ello sin que se aporte ni aparezca la más mínima sombra de la sombra de una prueba.

Es curioso. Aquella asociación de *canónigos regulares,* y precisamente bajo la regla de san Agustín (que es la que más se usaba), no es un hecho verdaderamente nuevo. Nos traslada a la creación de esas antiguas «colegiatas». Surgían de la voluntad de un determinado grupo de sacerdotes y canónigos para vivir en común, dotándose de una regla.[12] En este contexto léxico, la Orden que sigue a Godofredo de Bouillon muy bien podría haberse llamado «priorato», y de ahí la *leyenda...* Y en esta articulación –según nos parece– bien cabría insertar los apócrifos orígenes de nuestro Priorato de Sión...

Ciertamente un «priorato» responde a la misma estructura que la de esas colegiatas. Es la dependencia de una abadía que comprende un corto número de monjes,[13] al mismo tiempo que, bajo el mismo nombre, se designa el cargo de *prior.* El francés distingue entre *prieuré,* que es la dependencia citada (el de Sión es un *Prieuré*), y *priorat,* en este caso el cargo de prior o de priora, así como la duración de dicho cargo.

---

12. También se dice «Colegiata» y quizá más propiamente de la iglesia que, no siendo catedral, tiene cabildo.

13. Ejemplo conocido es Saint-Martin-des-Champs, en el distrito III de París. Fue primero una Abadía y luego un priorato.

A estos efectos, l'Abbé Migne, muy importante autoridad al respecto, dice que «*antes del s. IX era desconocido el título de prior para designar un superior de monjes. Los que estaban a la cabeza de las comunidades de benedictinos portaban el título de abades, prebostes, decanos. El nombre de prior, que apareció en primer lugar en la orden de Cluny, no se remontaría, según Dom Calmet, sino a finales del s. XI, mientras que D. Mabillon lo sitúa a mediados del mismo siglo*». El mismo sabio retrotrae el origen de los prioratos a San Columbano, en el 590.[14] Sin embargo, los autores del Nuevo Tratado de Diplomática dicen que «*el título no se encuentra en los monumentos sino desde el s. XI. Antes de esta época, los prioratos sólo eran conocidos con los nombres de cellæ, cellulaæ, abatiolæ, monasteria. En el s. XIII todavía no habían sido reconocidos como título, como vemos en la Carta 510 del Papa Clemente IV, en la que se queja de la usurpación, por mano de algunos obispos, de estas dependencias de los monasterios*»[15].

Según todo esto, quizá sí habría sido posible (no precisamente probable) la existencia de un priorato con este nombre y con la antigüedad pretendida.

---

14. Véase el cartulario de la Abadía de Pontigni. Archivos de l'Yonne.

15. *Encyclopedie Theologique de l'Abbé Migne, Tome Quarante-septième, Dictionnaire de Diplomatique*, p. 677. Ver también en la p. 813, cuando trata de la reforma del estilo por Carlomagno y la nueva acepción de ciertas palabras. Dice: «Bajo los merovingios, *Casa Dei* designa más bien un *monasterio*, y *monasterium* o incluso *coenobium*, una iglesia, incluso catedral, porque entonces las iglesias eran servidas ordinariamente por monjes. Después del s. VIII *capella* designa a menudo una iglesia parroquial. La palabra *priorato* no aparece hasta el s. X: anteriormente se utilizaron los términos *cellae, cellulae, abbatiolae, monasteria*».

El priorato que ahora contemplamos es el de «Sión», monte o localidad que Plantard tenía junto a su casa en Annemasse, en el departamento francés de la Alta Saboya. Es un topónimo bastante común.

Por otra parte es un nombre verdaderamente místico que designa a Jerusalén. La referencia más antigua está en 2 Samuel 5,7, que cita la *metsudat Tsión* («fortaleza de Sión»), aludiendo a la antigua fortaleza de los jebuseos, los habitantes previos de la ciudad donde, topográficamente, ocupa el extremo sur de la colina oriental y, extensivamente, el resto de colinas o altos de la ciudad. De modo abstracto designa a Jerusalén como la morada de Yahvé y el lugar de su Templo.

El de *priorato* es la elección de nombre directamente inducida por un mentor y amigo (lo veremos), y lo de *de Sión*, inducido por la vecina localidad, junto con el bíblico resplandor que rodea al nombre. Esta evidencia será suficiente para descalificar la alcurnia de la plantardiana fundación.

La *leyenda* continúa: fallecido Godofredo de Bouillon, el supuesto fundador, en 1117, el Priorato pasa al año siguiente a manos de los Maestres del Temple, revestidos así de una doble función. Estos Maestres son Hugo de Payen, Brissaud de Saint Omer y Hugo de Champagne, quienes, en 1118, ya desaparecido Godofredo, fundan la Orden Militar de los Caballeros Templarios (Ordo Milites Templi), para proteger y fortificar al Priorato. Su hábito: un manto blanco portando una cruz roja sobre el corazón. Su dirección: *De laude novæ militiæ ad milites Templi.* Su sello: dos caballeros montados sobre el mismo caballo, con la leyenda

«✝ *Sigillum militium Xristi*»[16]. Existe tal sello de los templarios adosado a un acta de 1190, y era –dice M. de Wailly– un emblema de la antigua pobreza de esta Orden militar. Encontramos otro igual en una Carta de 1255 que, unido a la misma pieza, representa una bóveda suspendida sobre cuatro arcos: «✝ S. Tube [tumbe] templi X?i»[17].

Hugo de Payen o de «Paganis», presunto descendiente de los Condes de Champagne, será –lo hemos dicho ya– su primer Gran Maestre. Pero en 1187, capturada Jerusalén por Saladino, y Sión de este modo decapitada, los Caballeros Templarios, junto con la alegre compañía de la Fraternidad de Ormus y del Priorato de Sión, retornan a Francia. Allí, setenta años más tarde y según las mismas crónicas apócrifas, se consumará la ruptura entre los templarios y el Priorato, siendo Jean de Gisors su primer Gran Maestre. El Priorato entrará en un letargo de siglos.

Los primeros grandes maestres de la Orden del Temple, cáscara del presunto Priorato, y, por tanto, grandes maestres *comunes* a ambos, son los siguientes:

---

16. En el retablo del *Cordero Místico* de Van Eyck vemos un caballero templario. En la cruz de su escudo, discretamente se observa la expresión: D(eus) FORTIS ADONAI SABAOT V(erus) EM (manuel) IHC XP AGLA. Para los curiosos diremos que AGLA era una cofradía secreta que reclutaba entre los gremios del libro: protes, impresores, encuadernadores, etc. que al parecer practicaban la cábala judía. Sus diversas *marcas* se componían de un corazón sobre el que figuraba un 4 de cifra, que precisamente caracteriza a este gremio.

17. Para completar información acudir a Migne-Diplomática, p. 788 ss.

Hugo de Payen,	1119-1136	Andrés de Montbard,	1155-1156
Roberto de Craon,	1136-1147	Bertrand de Blanchefort,	1156-1169
Evrardo de Barres,	1147-1150	Feilpe de Milly,	1169-1170
Hugo de Blanchefort,	1150-1151	Eudes de Saint-Armand,	1170-1180
Bernardo de Trembay,	1151-1152	Arnaldo de Toroge,	1181-1184
Guillermo de Chanaleilles,	1153-1154	Gérardo de Ridefort,	1184-1188 (destituido)
Evrardo de N...,	1154-1154	Juan de Gisors,	1188-1220

Analizando a estos 14 primeros, vemos que algunos duraron poquísimo. Tiempos duros... Pero al margen de la leyenda, la Historia continúa. En 1314 la Orden del Temple es asaltada a mano armada por Felipe el Hermoso, sin duda por venales motivos. Fue definitivamente abolida en 1314 por el Papa Clemente V mediante la Bula pontifical *Vox Clamantis*, que, según algunos,[18] no sabemos si significa voz 'clamante' o 'de Clemente'; en todo caso una gran voz expandida por todos los rincones del Occidente cristiano. La Orden del Temple duró doscientos años y pasó... Muere el Temple, pero las carabelas que descubrieron América casi dos siglos más tarde, llevaban las velas con su color y cifra.

Los pergaminos, anales, crónicas, cronicones y otros documentos de la Orden, no guardan ni rastro de algo que alguna vez se llamara Priorato de Sión. Como si nunca hubiera existido.

La pretendida *resurrección* del Temple fue en el s. XIX de manos de Bernard Reynaud Fabré Palaprat, doctor en medicina. El Temple existió y murió, pero para él cabe una lógica de resurgimiento o de resurrección. La *renacida* orden se dota

---

18. Ver *Claves del Péndulo de Foucault*, Ediciones Obelisco, 1989, p. 53.

de siete fines propios, que no dejan de tener su propia y sugestiva aureola. A saber:

1º Establecer la noción exacta de autoridad espiritual (y poder temporal) en el mundo.

2º Afirmar la primacía de lo espiritual sobre lo temporal.

3º Volver a dar al hombre la conciencia de su dignidad.

4º Ayudar a la humanidad en su tránsito.

5º Participar en la asunción de la Tierra en sus tres planos, cuerpo, alma y espíritu.

6º Concurrir a la unidad de las Iglesias y obrar para la fusión Islam-cristiandad.

7º Preparar la venida de Cristo en gloria solar.[19]

En cuanto a la pretendida *resurrección* del Priorato fue, ya en pleno s. XX, el 7 de Mayo de 1956, que es la fecha en la que se registran sus Estatutos como Asociación. Se hace al amparo de la socorridísima ley francesa de 1 de Julio 1901, decreto de 16 de Agosto del mimo año.

No habiendo existido en fechas anteriores, difícilmente podía morir y luego renacer entre avefénicas cenizas. Nace –decimos– en 1956. En los últimos años del siglo, no pudiendo defender por más tiempo la patraña, los Plantard padre e hijo, sucesivos Grandes Maestres del Priorato, van a conceder

---

19. Para todos estos señores el Cristo no es el Logos eterno de Dios encarnado en la historia, sino exactamente una *figura solar* de no sabemos qué avatar o demiurgo. En cuanto a los diversos aspectos del neotemplarismo, véase la obra citada, pp. 59 ss.

lo que sigue: que todo aquello de los s. XI y XII no era sino leyenda que la recta investigación descabalga. No era la verdad –añaden sin descabalgarse–. El Priorato de Sión dataría verídicamente del s. XVIII (incluso algo antes), y habría sido fundado por y en la casa de los Hautpoul, sita entre ambos Rennes (Rennes-les-Bains y Rennes-le-Château). No es ésta una historia gratuita, Plantard cobrando (y con justa causa) el 60 % de determinados derechos de autor. Todo lo cual veremos con más detalle. En todo caso no sabemos si deberíamos decir Mr. Plantard del Priorato de Sión o, más apropiadamente, el Priorato de Sión de Mr. Plantard.

Entre los últimos grandes míticos maestres que redoran el blasón del Priorato, antes de Pierre Plantard y de su hijo Tomás, se cuentan: Charles Nodier (1804-1844), Victor Hugo (1844-1885), Claude Debussy (1885-1918), Maurice Leblanc y Jean Cocteau (1918-1962). Curioso que Cocteau no aparezca en primera fila suscribiendo los Estatutos, siendo el único de cuerpo presente (que diríamos) el 7 de Mayo de 1956... Observemos con malicia cómo después de Cocteau, el nivel de los sucesivos Maestres «históricos», los Plantard, etc., pierden súbitamente talla intelectual, renombre y categoría.

Confundiendo historia y metahistoria, la *leyenda* estima comunes algunos mitos referidos a ambas Órdenes, la del Temple y la de Sión. Así, los del tesoro del Temple, luego identificado con el de Rennes-le-Château de interminable bibliografía; el ideal de la caballería; el mito del Santo Grial, y la realidad del esoterismo juánico o joanita, visto el carácter *esotérico* del evangelio de san Juan y el del Apocalipsis.

Sobre todo el misterio de una verdadera sangre real presente en varias dinastías de Francia, especialísimamente en la de los merovingios. Corriendo sobre todo y a raudales por las venas plantardianas. Sangre a preservar por encima de todo. Por ello y para ello, el Priorato de Sión.

Templario con su vestimenta de batalla.
Fuente: revista *Crapouillot*, nº 31.

Capítulo II
Merovingios

a *leyenda* inducida que hemos visto en el capítulo anterior, genera una auténtica pirámide de aquiescencias, títulos e investiduras, que sacralizan la Orden del Priorato y la salvaguardan de miradas oblicuas. Con ello, todo parece posible. No será freno la pretensión de remontar el linaje hasta el rey David, o reclamar, cuando fuere, una descendencia carnal de Jesucristo por medio del inagotable tema de la Magdalena.[20] Así lo documenta Philippe de Chérisey, cofrade, Gran maestre y, hasta la ruptura, gran amigo del *inventor* del Priorato, Pierre de

---

20. Similar a la de Santiago en España, aunque sin alcanzar su universalidad, en Francia existe una gran tradición sobre la venida de la Magdalena, cuyos huesos reposarían todavía en Vezelay, donde San Bernardo de Claraval predicó la II Cruzada.

   Hay identificación entre María de Magdala y María de Betania, hermana de Marta y Lázaro. Ésta, después de desembarcar en Saintes-Maries-de-la-Mer, en Provenza (de donde es la patrona) con sus dos hermanos, y de haber predicado en Marsella y en Aix-en-Provence, se habría retirado durante 30 años en la gruta de la Ste. Baume, centro de una importante peregrinación anual. Habría muerto en Aix-en-Provence, trasladada por los ángeles. Se conservan sus reliquias en la cripta de la basílica de San Maximino (s. XIII).

Plantard. Chérisey es el autor del esperpéntico trabajo bajo título de *Jesús Christ, sa femme et les mérovingiens* (Jesucristo, su mujer y los merovingios). Tal temeridad hace más creíble sostener desatinos menores (es la ventaja), con lo que, dejando en el aire aquello de las insinuaciones sacrílegas, se facilita la ingesta de otras entregas fabulosas.

En el Priorato de Sión habría una fortísima reclamación de una sangre merovingia enriquecida con los contenidos de ese vital secreto: la presencia, en las venas de la dinastía, de la sangre de Cristo. Queda así consagrado como el único linaje regio verdaderamente trascendente, y ello afecta de lleno al heredero del linaje: a Pierre Plantard, verdadero Gran Maestre y Nauta del Priorato. De este modo, se anuncia a sí mismo como el único pretendiente legítimo de la Casa de Francia. Asombroso.

Pierre Plantard de Saint-Clair, cuyo linaje proviene de los condes de Rhédae por la línea femenina de los Saint-Clair, entroncados con los Hautpoul, sería el descendiente directo de los merovingios por vía de su último rey Dagoberto II que, contra lo que predica la Historia, habría dejado una descendencia tan secreta como ignorada. Pero no nos quedemos cortos: ésta descendencia vendría autentificada mediante un pergamino de la reina Blanca de Castilla, y otros documentos descubiertos por el abate Bérenger Saunière en un pilar de su iglesia. La nómina incluye:

a) Una genealogía de los Condes de Rhédae desde su origen hasta la familia de los Hautpoul, que son los que van a refundar el Priorato en el s. XVII. Precisamente, el primer Conde de Rhédae habría sido ese rey perdido, hijo desconocido de Dagoberto II que, huyendo, se habría establecido en esa localidad.

b) Una acta de 1608 de François-Pierre de Hautpoul, que completa la citada genealogía.

c) El testamento de Henri de Hautpoul de 24 Abril 1695, con sello y firma del testador. En su parte inferior derecha vemos la marca y siglas «P. S.» (Priorato de Sión).

Son los Hautpoul. Habrían promovido una *refundación* o directamente fundado el Priorato, en la diócesis de Alet, en la región de Toulouse, en el s. XVII. Fue a instancias de François de Hautpoul y el abate Jean-Paul de Nègre (o «Negro»), que tan graciosamente volvemos a encontrar en el *affaire* de Rennes-le-Château.

No diremos nada de ese dicterio sobre la sangre de Cristo entre los merovingios. No sabríamos por dónde empezar. La increíble impostura se ha vuelto a plantear más de una vez, por ejemplo, en los ochenta, con el libro *The Holy Blood and the Holy Grial*. Henos también ante el mito conexo del Grial o Graal.[21] A su vez, se encuentra en estrecha conexión con aquel tema de

---

21. Tres novelas indispensables alimentan la leyenda del Grial, y son prácticamente sus únicas fuentes: el *Perceval li Gallois* o *Conte del Graal* de Chrétien de Troyes, la *Estoire dou Graal* de Robert de Boron, y el *Parzival* de Wolfram von Eschenbach. También hay novelas modernas (no hablamos de ensayos), siendo interesante la lectura de Charles Williams, *War in Heaven*, ed. Eermdmans, Michigan, 1994. El autor (no sabemos si la obra) está traducido al castellano.

la Magdalena que ya mencionamos antes, dando lugar a nuevos esperpentos. Un botón de muestra: el trío de alucinados autores avanza que *«si nuestra hipótesis es correcta* [con lo que se insinúa fuertemente que sí lo es] *el Santo Grial... era la estirpe y los descendientes de Jesús, la "Sang Real" que custodiaban los templarios... Al mismo tiempo, el Santo Grial tenía que ser, literalmente, el receptáculo que había recibido y contenido la sangre de Jesús. En otras palabras, tenía que haber sido "el vientre de la Magdalena"»*[22]. Asombroso. Como vemos, el Grial no sería una copa, sino un útero, en cuyo fruto distal tenemos primero a los merovingios, más tarde a la casa de Hausburgo, y por fin –sobre todo–, vía los Hautpoul, o mejor, a través de los Saint-Clair, al influyente Mr. Plantard...

¿Cómo habrían de entender aquellos alucinados materialistas lo que puede ser un parentesco espiritual o, en este caso, una descendencia emblemática de David? El mejor ejemplo es el de San Bernardo a través de la Virgen María, que viene a ser 'hermano' de Jesucristo por causa de la «lactancia virginal» con la que es favorecido. Comparte el virginal seno de su Madre. Estando en contemplación y en conversación con María (representada en un cuadro dando de mamar al Niño), la Virgen se inclina sobre él, y deja que le alcance la efusión láctea. Es la doctrina mariana que se insufla en el espíritu bernardino.

Un comentarista de prestigio lo relaciona con el Grial cuando dice: *«si el Padre de los monjes blancos* [San Bernardo], *hermano de Juan Evangelista y de Cristo por la "lactación virginal", ha formado un cristianismo de caballería a través del Temple, entonces no hay*

---

22. M. Baigent, R. Leigh, H. Lincoln, *The Holy Blood and the Holy Grial*, London 1982.

*duda de que la busca del Grial se encuentra en la tradición templaria,
y no es posible ignorar al Temple en el personaje del Parsifal de Wolfram
von Eschenbach»*[23]. Templaria, luego plantardiana.

Nada que ver con sacrílegas reclamaciones de parentescos consanguíneos. Pero aún no hemos llegado allí, pretendiéndose sólo, de momento, la sangre merovingia. Obsérvese: *Plant–Ard*, a saber, planta o *retoño ardiente*, es el calificativo que se adjudica al *rey perdido*, hijo perdido (y con razón) del último merovingio Dagoberto II. Sería de nombre Sigiberto (o Sigesberto). Y aun siendo exacto que ese Sigiberto inexistente o «rey perdido», ha sido muy literariamente citado como *«retoño ardiente»*, subsiste el hecho de que no hay prueba alguna de su existencia. El último rey de Austrasia, Dagoberto II, no tuvo descendencia masculina.

Aquel perdido y con su tesoro perdido, parece ser el tema de la novela corta de Julio Verne *Clovis Dardentor*. Clovis I es el padre de los merovingios, y *Dardentor* y *Plantard* son la misma palabra. ¿Estaría profetizando Julio Verne sobre Pierre Plantard? Al fin y al cabo, ¿no fue Julio Verne uno de los Grandes Maestros del Priorato? Al menos, tal se dice.

En el interesante ensayo *Jules Verne, initié et initiateur,*[24] su autor, Michel Lamy, aventura lo siguiente: *«Cuando leí por primera vez* Clovis Dardentor *experimenté un fuerte impacto, una curiosa impresión, junto con un cierto malestar. Algo desentonaba en esta historia insípida y sin gran interés, en la que ni siquiera el humor bastaba*

---

23. Jean Tourniac, *Principes et problèmes spirituels du Rite Ecossais Rectifié et de sa chevalerie templière,* Ed. Dervy 1969, p. 68.

24. Ed. Payot, París 1984, p. 83 ss.

para mantener la atención. Como para pensar que el autor hubiera boi-
coteado voluntariamente su trabajo, para que el lector se aburriera. Sin
embargo, ahí estaba ese nombre que me sorprendía extrañamente...
Clovis Dardentor es un título parlante. En primer lugar, Clovis
(Clodoveo) evoca evidentemente al famoso rey merovingio. En cuanto
a Dardentor, se descompone en "de ardiente oro". El último término no
necesita comentarios. Y eso "de ardiente", se relaciona con el título que se
da precisamente al descendiente de Dagoberto II, que habría podido
refugiarse en Rennes-le-Château, donde su posteridad habría vivido un
cierto tiempo. Este título de "retoño ardiente", es el que hoy en día reivin-
dica Pierre Plantard (plant = retoño, ard = ardiente). De este modo, el
nombre del personaje principal y el título mismo del libro, nos anuncia
que, en términos velados, Julio Verne va a hablarnos del oro de los des-
cendientes de los reyes merovingios. Además, la novela consiste en averi-
guar quién va a conquistarr la herencia de Clovis Dardentor»...

Dejémoslo. De venir los de Rhédae del rey Bera, nieto de
Wamba, proclamado rey de los visigodos en el 672, entonces
los Condes de Rhédae serían descendientes de los visigodos;
no de los merovingios. Porque Dagoberto no dejó descendencia. No hay descendencia merovingia. Es importante saberlo,
por si alguien da crédito al infinito enriquecimiento de la sangre de los reyes de Austrasia. Precisamente su animal totémico y símbolo era el jabalí, en francés «*sanglier*», a saber, «LE SANG-
LIER», *ligar la sangre*, apropiarse de la sangre, o reclamarla...

Como sucede a menudo con estas fábulas, la dinastía
contaría con marcas hereditarias de reconocimiento. Los
merovingios serían velludos. A imagen del bíblico Sansón,
juez de Israel, la navaja no tocaría sus cabellos. También, en
la baja espalda, tendrían un vello fuerte como si fueran cer-
das, y, por último tendrían una marca de nacimiento cruci-

forme en el pecho, a la altura del corazón, como vemos en *El caballero de la mano al pecho*, de El Greco, o en los caballeros de la Orden de Santiago. Esta última marca sería el signo de la *sangre real* que los habitaba, si hiciéramos caso al propagandista Gérard de Sède.[25] Estos signos los tendría Plantard. Lo vemos en su trabajo *La Raza fabulosa*. El subtítulo dice: *Extraterrestres y mitología merovingia*, lo que bien podría ocupar un párrafo en los anales de la Psiquiatría. El Sr. de Sède, hoy dedicado a la agricultura, y que tanto nos ha encandilado en nuestra adolescencia, asegura que los merovingios, descendidos del Monte Merú, en la India, eran extraterrestres de sangre judía. El muy ario Monte Merú y los judíos... ¡Términos contradictorios!

Estamos en tiempos de cierta imprecisión. La idea *Francia*, lo mismo que la de *España*, podía comprender varias cosas, aun siendo en sí perfectamente significativas. Así, Gregorio de Tours puede decir, en su *Historia francorum*, que *Brunehaut vino «de España a Francia»*... En estos tiempos (que algunos llaman de *la primera raza*), son donde nos ponemos. Francia estaba dividida en tres reinos: Neustria, Austrasia y Borgoña (al margen, la Aquitania, el Languedoc, etc.), aunque cada uno decía de sí mismo «Francia» en uno u otro documento. Nos interesa ahora Austrasia.

---

25. Curioso el gran número de apellidos con partícula que uno encuentra a lo largo de este tipo de investigaciones. Difícil dar con ellos en el anuario de la nobleza francesa, ya sea por linaje, ya por adquisición de cargo público que conlleve nobleza personal o hereditaria, (buen invento histórico para llenar las arcas) ya por adquisición de propiedad con el mismo efecto.

La dinastía merovingia es la dinastía franca que sucede –en Austrasia– al rey Clodoveo, tras su muerte en el 511, y la división de su reino. Austrasia es su lote de tierra dentro de la 'idea' de Francia. Allí perdurará la dinastía hasta el asesinato de Dagoberto II, su último *Rex*, y su sede quedará vacante a falta de varón. Se apoderarán del poder los mayordomos de Palacio, interludio hasta el advenimiento de la dinastía carolingia, con Carlomagno, en el 768. Quien no se iba a conformar con ningún lote. Lo quería todo.

El reino de Austrasia ocupaba la antigua Galia septentrional, y más concretamente la actual Lorena, y la parte occidental de Alemania, Bélgica y Holanda. Colindaba por el oeste con Neustria (aunque en tiempos de Clotario I, II y Dagoberto I, estuvo temporalmente unida con este último reino), que a su vez colindaba con Aquitania. Fueron dos siglos de historia que hicieron de Austrasia, y más allá, el campo cerrado de luchas interminables, asesinatos, guerras fratricidas y piruetas políticas que desafían cualquier tentativa de explicación[26]... Díganme un rey merovingio que haya muerto en su cama.

Dos cuestiones acerca de ese Dagoberto II, el último y más distal antecesor genealógico del ciudadano Plantard, vía su apócrifo hijo Sigesberto IV (o Sigiberto, pues ambas grafías parecen correctas). Primero que no hay un Sigesberto IV; segundo que el padre de Dagoberto se llamaba también Sigesberto.

---

26. Sobre la dureza de los tiempos ver, por ejemplo, a Jean D'Armana, *op. cit.* Sobre los merovingios tiene muy buenas referencias el historiador François Dupuy-Pacherand, de quien cabe consultar su trabajo *De la Gaule romaine à la Nation française, et de l'origine inconnue des Capétiens, Atlantis*, Primavera 1987.

La historia nombra a dos: un rey de Inglaterra oriental, de quien Veda el Venerable decía *rey-muy-ilustrado-y-muy-cristiano*, asesinado en el 642, cuya festividad se celebra en varias iglesias inglesas y francesas. El segundo fue el tercer hijo de Clotario I (cuyo cetro reunía –decimos– Austrasia y Neustria) que en el reparto sucesorio (año 561), tuvo como lote al reino de Austrasia. Fue asesinado en el 575, y llorado por todos sus súbditos por su afabilidad, dulzura y generosidad. Por fin tenemos a Sigiberto el Joven, hijo de Dagoberto I y su sucesor en el reino de Austrasia, en el 638. Murió en el año 656, posiblemente asesinado, y fue puesto por su piedad en el catálogo de los santos. Celebra su fiesta la iglesia primacial y hoy catedral de Nancy, donde se conserva su cuerpo, siendo honrado el 1 de Febrero. La iconografía lo representa[27] de pie, mirando a un caballero caído de su caballo, asustado o herido por un jabalí, de quien se ve la cabeza tras el caballo. Fue padre de Dagoberto II.

Dagoberto II, dicho el Joven, fue el último rey de Austrasia, tras el cual ya no hubo más descendientes. Accedió al trono a la muerte de su padre Sigiberto, que ya hemos visto que murió en el 656. Fue asesinado en el 679. Como decimos, en la corona de Austrasia había sucedido a su padre Sigesberto III (630-656), y éste a Dagoberto I (604-639), y éste de Clotario II (584-629), y éste a Sigiberto II, que no duró ni un suspiro, y éste a Teodorico II, y éste a Childeberto II (570-596), y éste a Sigiberto I (535-575), que es cuando se divide la dinastía merovingia entre Austrasia y Neustria, y éste a Clotario I (497-561), y éste

27. Ver la *Encyclopedie de l'abbé Migne, Tome 45, Dictionnaire d'Iconographie*, p. 153. Para San Dagoberto, *ut infra*, la misma referencia p. 152.

a Childeberto I (495-558), y éste a la figura egregia de Clodoveo I (466-511), y éste a Childerico I (436-481) y éste a Meroveo (¿ -458), que encabeza y da nombre a la dinastía merovingia. Pero Dagoberto II muere en el 679, sin descendencia de varón, según la historia oficial. Y estamos en plena ley sálica...

Y Austrasia ya no conoció más reyes.

Hay una encantadora genealogía merovingia del siglo IX, que contiene las siguientes menciones:

> *Dagobertus rex in Francia, Sigebertus rex in Austrasia;*
> *Childericus rex in Austrasia, Theodericis rex in Francia;*
> *Reganati in Austrasia... Grimoaldus, major domus in*
> *Francia sub Childeberto.*

El último de los merovingios fue enterrado en Stenay (tercera ciudad del triángulo «místico» del tesoro, junto con Gisors y Rennes-le-Château) y declarado santo. Era el uso de la época, que daba este título a quienes perecían injustamente tras haber vivido en la virtud. Mártir, patrono de Stenay en Lorena, es festejado el 23 de Diciembre. La iconografía lo muestra enhiesto y coronado, teniendo en mano un cetro y unos grandes clavos, sin duda los instrumentos de su martirio.

La ciudad de Stenay perteneció a Godofredo de Bouillon, con lo que se cierra el círculo.[28] Y hete aquí que el padre de

---

28. Dulce Godofredo de quien el trovero, en lengua de Oc, cantaba (*La Chanson d'Autriche.* Ed. D. París, iii, p. 22): Direi de Godefroi li bon duc de Bouillon, / Li dus chevauche a force et tous si compaignon, / O lui est li quens Hues et Robert li Frisson / Et tout li pelerin del roiaume Charlon...

las mejores órdenes militares de Occidente, reales o imaginarias, el buen Godofredo, ha de ser de la raza de los merovingios, a la que secretamente pertenecerían también los Hausburgo, uno de los cuales se habría precipitado a Rennes-le-Château, como quien acude a sus raíces... peripecia literaria de la que no hay el menor rastro. Y los Duques de Lorena, la Casa de los Hautpoul... y, en asíntota y por otro lado, los mismísimos Capetos, que acabaron con la antigua raza como si fuera propia. Negocios de familia... De cuyos riñones (el de todos ellos; en la confusión no es fácil asentar exactamente de cuáles), se dice descendiente Monseñor Plantard, el gestor del Priorato de Sión. Y no lo oculta. Y amén de llamarse *Plant-Ard*, «retoño ardiente» como se viene aplicando al «rey perdido», quiere dejarlo más claro todavía... Aquello lo afirma abiertamente en varias entrevistas; esto, utilizando el curiosísimo y provocador pseudónimo «CHYREN».

No vamos a entrar en etimologías. Baste con saber que es el nombre críptico con el que Nostradamus[29] se refiere al Gran Monarca en diversos pero no sucesivos cuartetos (*quatrains*) de sus CENTURIAS. Indicamos a continuación los relativos a CHYREN (dejamos de lado los referidos al Gran Monarca):

---

29. Nostradamus (1503–1566) era conocido como el Mago de Salon-de-Provence. Médico, consejero de Henri II y Catalina de Médicis, es el más celebre «profeta» de los tiempos históricos. La bibliografía interpretiva de sus Centurias, de un valor exegético que va desde el cero hasta lo ciertamente interesante, es abundantísima. Sólo se entienden y desvelan sus Centurias a toro pasado...

La barbe crespe et noire par engin
Subiuguera la gent cruele et fiere
Le grand CHYREN ostera du longin
Tous les captifs par Seline banière.

* * *

Le grand mené captif d'estrange terre,
D'or ecchaine au roy CHYREN offert,
Qui dans Ausonne, Millan perdra la guerre,
Et tout son ost mis à feu et a fer.

* * *

Au chef du monde du traicté mariage
Fait magnanime par grand CHYREN selin;
Quintin, Arras recouuvrez au voyage
D'espagnols fait second banc macelin.

* * *

Le Grand CHYREN soy saisir d'Auignon,
De Rome lettres en miel plein d'amertume
Lettre ambassade partir de Chanignon
Carpentras pris par duc noir rouge plume.

* * *

El Gran Monarca, supuesto retoño de los merovingios y único con derecho al trono de Francia (y más allá), sería, junto con el Papa Santo, el prometido por diversas profecías para la guerra escatológica (siendo quizá la profecía más importante la del Venerable Barthélemy Holzhauser, y antes que él la de San Remí, cuando el bautismo y coronación de Clodoveo I). Estamos en la «Iglesia de Filadelfía», en tiempos de la bestia apocalíptica y del Antecristo legión. Vencidos en la batalla, el Gran Monarca instaura su reinado. Su dominio temporal será universal y, según algunos textos, tendrá como lugarteniente al rey de España. Este reinado será un paréntesis. Acabará su misión abdicando su corona imperial en el Santo Sepulcro (en el Monte de los Olivos, dice San Remí), en Jerusalén, al igual que hizo en su tiempo su antepasado Godofredo de Bouillon. Tras ello, la Historia del hombre se sucede –o acaba– instaurándose el Reino de Jesucristo. Será una nueva tierra y unos nuevos cielos.

Este papel de Gran Monarca lo está reclamando Plantard para sí mismo o para sus descendientes. Fallecido en el año 2000, ahora es su hijo Thomas, actual Gran Maestre del Priorato de Sión, el pretendiente a este título de monarquía universal, lo que conlleva –claro está– la pretensión a la inexistente corona de Francia. Aunque si fuera verdad que los Capetos hubieran usurpado el Trono, y si dicha usurpación los hubiera inhabilitado jurídicamente *ab initio*, entonces se iría al garete cualquier concepto de seguridad jurídica...

No oculta Plantard ser el CHYREN de la profecía nostradámica, estando acostumbrado a apropiarse, no sin cierta habilidad, cualquier profecía o crónica que afecte a las cuestiones dinásticas, especialmente las que se refieren a esa metahistórica cuestión –si cuestión hay– de la herencia de la casa de David. En estricta observancia multisecular de la ley sálica (que sólo pertenece por ahora a los Borbones), recaería esa herencia en esta nación... si además de a la gente extravagante que ahora frecuentamos, atendemos también a otros más estudiosos e informados, como el atrabiliario Marqués de la Franquerie.[30]

---

30. Es un conocido tradicionalista y legitimista francés, experto en las leyes del antiguo Régimen. Defiende las tesis a las que nos referimos, en sus trabajos *La Mission divine de la France, L'ascendance davidique des Rois de France et leur parenté avec Notre Seigneur et la Ste. Vierge*, etc. Consultar igualmente la obra de Jean Phaure y otros autores.

Es al servicio de esta idea que se crea el Priorato de Sión, tanto en su mitología como en su realidad encarnada en el pasado siglo. No despreciamos tampoco como motivo adicional, si no el primero de todos para el invento de su *personal* Priorato o sociedad secreta, clónica de unas cuantas anteriores, la afición y el uso del ocultismo de que hace gala Mr. Plantard.

La petulancia del personaje no conoce límites ni barreras. ¿Qué sentido tiene, si no, exhibirse en los ambientes ocultistas con el cartón que a continuación se indica?

Cartes CHYREN voyance

Reçoit sur rendez-vous tous les jours

116, Rue Pierre Jouhet, Aulnay s/Bois Tel. 929.72.49

Capítulo III
El Ungido

Dentro de la lógica que nos quieren hacer seguir, cualquier pretensión a la monarquía universal se fundamenta en la legitimidad davídica, sea por vía directa de sangre (con parentesco con Nuestro Señor y la Santa Virgen) o no, pero en rigurosa aplicación de la ley sálica. De no ser estrictos en el cumplimiento de esta ley, esto es, en el supuesto de romperse la línea sucesoria por primogénito varón, aceptándose en algún momento la transmisión por línea femenina, entonces la misma y competidora casa de Inglaterra y otras casas reales europeas podrían pretender lo mismo.

Porque si concediéramos autoridad alguna al famoso Abbé Boudet, cura de Rennes-les-Bains, cerca de Rennes-le-Château, autor del no menos famoso *La vrai langue celtique et le Cromleck de Rennes-les Bains*[31] («trabajo fantástico e indescrip-

---

31. Sostiene que el celta y el inglés derivan directamente del hebreo, aduciendo numerosísimos ocurrencias de términos ingleses con raíz hebrea (?). No hay que asustarse. También O.W. de Lubicz Milosz afirma en su obra *Les origines iberiques du peuple juif* (incluido el «Ars Magna», ed. Silvaire 1961 –hay traducción castellana), que el idioma que se hablaba en el Paraíso (Gan Eden o «Jardín del Edén», esto es, Andalucía) era el vasco, aduciendo análogas razones filológicas…

tible»), comprobaríamos que los de Gran Bretaña descienden al menos del patriarca Isaac, hijo de Abraham. ¿La prueba?: los ingleses son «sajones», en inglés *saxons* o *Isaac-sons*, los hijos de Isaac... Increíble.

El Abbé Boudet nos declara que su trabajo encripta, mediante toscos barbarismos, el secreto de una historia local. Ni más ni menos que el lugar donde se mantendrían ocultos 12 cofres no menos misteriosos... La clave del secreto de Marie de Nègre, de la que tendremos que hablar.

Sueños y delirios. En cualquier caso, nada comparable con los del Marqués de la Franquerie a cuenta de los galos. Según Franquerie, la Verónica provenía de las Galias, así como el centurión Longinos, cuya lanza[32] (que tanto ha dado que hablar) atravesó el divino corazón: «*Puesto que nuestra Patria* [Francia] *tiene que cumplir una misión divina, ¿no es lógico que Dios haya querido que sea una de nuestras mujeres la que transmita al mundo entero la imagen de su santa Faz, y que un soldado de nuestro país abriera su Corazón adorable del que habían de brotar todos los tesoros de gracia, de amor y de resurrección que, desde entonces [...] deben irradiar cada vez más al acercarse los últimos tiempos?*»[33].

¿Cuál es esa misión divina? El mismo marqués responde: «*Dios, en su presciencia de los acontecimientos, ha elegido desde toda la eternidad a nuestro pueblo para suceder al pueblo Judío y cumplir, durante la era cristiana, la misión divina que había sido asignada a ese último durante el Antiguo Testamento*».

---

32. cfr. Juan 19,34.
33. cfr. el Marqués de la Franquerie, *La Mission divine de la France*.

Según una tradición del siglo IX, en la alocución subsiguiente al bautismo de Clodoveo –de la que luego hablaremos–, San Remí habría profetizado: «*Hacia el fin de los tiempos, un descendiente de los reyes de Francia reinará sobre todo el antiguo Imperio Romano. Será el más grande de los reyes de Francia y el último de su raza. Después de un reinado de lo más glorioso irá a Jerusalén, a depositar en el Monte de Los Olivos su cetro y su corona. De este modo concluirá el Santo Imperio Romano y Cristiano*».

Para el marqués de la Franquerie se justifica ampliamente que el Señor, al morir, mirara del lado de Occidente (de Francia), y que el día de su Ascensión gloriosa, al ascender a los cielos, su mirada se posara del mismo lado, «*como si hubiera querido unir en un mismo gesto de amor supremo a Roma y a nuestra Francia, a su Iglesia y a su Reino*»[34]. Hemos releído los evangelios buscando la indicación de esas miradas, y nada.

La reivindicación discreta de la monarquía francesa es a la descendencia de David,[35] y sólo algunos iluminados reclaman el parentesco con Nuestro Señor y con la Virgen María.

---

34. De la Franquerie añade entre paréntesis: «*ver las investigaciones de los bolandistas sobre San Ignacio de Loyola*».

35. Daremos un breve vistazo a la genealogía. Noé era la décima generación de la descendencia de Adán. Tuvo tres hijos, de los que el primogénito fue Sem, de quien Judá, hijo del Patriarca Jacob, descendía en vigésimo cuarta generación. Sem tuvo dos hijos de Tamar, su mujer siria: Peres y Zerah (*vide* Gén 39, 27-30). Ahora bien, el linaje davídico (y galo) está en la sucesión de Peres, y llega hasta Sedecías, el último rey de Judá. Éste fue asesinado por su impiedad en las puertas del exilio de Babilonia, 6 siglos antes de nuestra Era. De este modo, el reino de Judá concluye en el año 585 a.C., año 3.416 del mundo. Los derechos del Trono y la primogenitura pasan automáticamente a otra rama, que se convierte en la rama mayor, que, de grado en grado –inevitablemente resumimos– va a ser la

Místicamente, también se prueba por la unción real de la Coronación de Clodoveo I. Constituiría un sacramento eclesiástico, con un valor muy superior a la consagración de David de manos del profeta Samuel. Francia, nuevo Israel.

Al margen de las razones y el rigor genealógico, más legendario que tradicional y más tradicional que científico, para que así fuera, para que la realeza divina se encarnara en la casa de Francia, para que Francia tuviera derecho de prelación sobre todos los demás,[36] se precisaba –condición *sine qua non*– el bautismo de Francia y el de su monarca.

---

rama mayor, que llega hasta los reyes troyanos. Incluso la historia oficial conviene que los troyanos son los antepasados directos y sálicos de los sicambros, y éstos, a su vez, de los reyes de Francia que, por Tea-Tephi, descendían igualmente de David.

Así, Peres fue el antecesor de la rama real de Judá, y su hermano gemelo Zerah de los reyes troyanos,. antecesores de los Sicambros, uno de los cuales, Marcomir IV (el antepasado directo y sálico de los reyes de Francia) se había casado con Athildis, que descendía de la sexta generación de Ana, prima carnal de la Virgen e hija de José de Arimatea, cuyo antepasado común era el rey David por Salomón y también por su hermano Nathán.

Resumiendo (si es posible): el cetro pasa sálicamente de la rama Peres a la rama Zeráh por varias uniones; por la de Ana y Athildis, y también del lado de Tea-Tephi, hija del último rey de Judá de la que provendrían los reyes de Irlanda y de Escocia, a su vez los antepasados de la mayor parte de las Casas europeas. El que no tiene es porque no quiere.

En cuanto al entronque de la Casa de David con San José, padre putativo de Jesús, y con la Virgen María, están claramente expuestos en los evangelios de Mateo y Lucas. Su conexión con la sangre de los Capetos, evidentemente sería ya grano de otra talega...

36. Por eso el francés es la lengua diplomática, y por eso mismo, en todas las coronas europeas el embajador de Francia pasaba por delante de cualquier otro embajador...

De ahí el de Clodoveo I, de cuyos riñones surgió directamente la dinastía merovingia y, algún milenio más tarde, como último y ardiente retoño, un Gran Monarca de su mismo linaje. Su función universal ya viene asegurada en los hechos acaecidos durante el bautismo y coronación de Clodoveo: fue de manos de San Remí, en Reims, el 24 de Diciembre de 496, fecha aniversario y a idéntica hora que la del nacimiento del Señor.

Tras el bautismo de Clodoveo I llegó el momento, en la misma ceremonia, de proceder a su Coronación y Consagración (su «sacro» real). El oficiante seguía siendo San Remí, arzobispo de Reims y legado del Papa para las Galias.

Llegados al baptisterio, el clérigo que portaba procesionalmente el santo Crisma se vio separado del oficiante por el gentío, sin ser capaz luego de alcanzarlo. Faltó así el Crisma para la unción del Rey bautizado. En el apuro, el Pontífice levantó los ojos al cielo, y suplicó a Nuestro Señor socorrerle en tan apremiante necesidad. De repente, ante los ojos extasiados de la inmensa muchedumbre, apareció en vuelo una paloma blanca, portando en su pico una ampolla de aceite santo, cuyo perfume, de inexplicable suavidad y penetración, se difundió por toda la asamblea. San Remí coronó y consagró a Clodoveo I con este aceite descendido del cielo.

Este santo crisma y la misma santa ampolla de la unción real de Clodovico son los utilizados para sacrar y consagrar a todos y a cada uno de los reyes de Francia. Pero hubo la Revolución Francesa, y Francia queda todavía pendiente de tener que consagrar a su último rey –el Gran Monarca y emperador cristiano de Occidente y del mundo– llamado a cerrar la Historia. Interesará saber qué pasó con ese bálsamo descendido del cielo, que acaso habría de ser derramado sobre los cabellos de algún retoño de los Plantard.

Pero es asunto nada despreciable, porque los esoteristas y legitimistas franceses, gente esta última de mucha influencia, se lo toman muy en serio.

Durante la Revolución Francesa, la santa Ampolla fue destruida por el revolucionario Rühl, en 1793, quien envió a la Convención nacional los fragmentos del *«monumento vergonzoso creado por la astuta perfidia del sacerdocio para mejor servir los designios ambiciosos del Trono»*...

La santa Ampolla sobrevivió a la Revolución Francesa. Los hechos históricos[37] son los siguientes: el gran Prior de Saint Remí, Jacques Antoine Lecuyer, era el custodio de la Ampolla que se conservaba en la tumba del santo, en la cabecera de la Abadía. Había forjado el proyecto de llevársela cuando, forzado por los acontecimientos revolucionarios, se vio obligado a abandonar la Abadía. Para ello Nicolás Legoix, el orfebre, tenía que aflojar los tornillos que cerraban el relicario. Pero renunció al plan el día de su partida. No hizo nada. Dejó la Ampolla en su lugar por miedo a las graves represalias –incluida la muerte–, que podría sufrir la comunidad que allí permaneciera.

El 28 de Mayo de 1791, Jules Armand Seraine fue elegido párroco constitucional de la que ya no era abadía, sino parroquia de Saint Remí, viniendo de este modo a ser el nuevo custodio de la santa Ampolla.

Al poco, el ciudadano Rühl fue enviado a Reims por la Convención Nacional, para atender a los problemas de sub-

---

37. Véase l'Abbé Jean Goy, «Histoire de la sainte Ampoule d'après les documents historiques», *Vers la Tradition*, n° 9 y 10, 1984.

sistencia, para velar por la ortodoxia revolucionaria y destruir la *çi-devant* santa Ampolla. Llegó a Reims el 7 de Octubre de 1793. Anunció que al día siguiente procedería solemnemente a su destrucción. Inmediatamente el Sr. Philippe Hourelle, agente municipal y mayordomo de la Abadía, se precipitó para poner en sobre aviso al abate Seraine, y juntos buscaron una solución para salvarla. Pensaron en primer lugar en substituirla por una falsificación, pero no había tiempo. Decidieron entonces extraer de la Ampolla la mayor cantidad posible del óleo, y así lo hicieron. El Señor Hourelle guardó consigo una pequeña cantidad. Ésta, despareció con su muerte. Pero el abate Seraine conservó la mayor parte en un paquete de cartón, en el que escribió «fragmentos de la santa Ampolla».

En cuanto a la Ampolla en sí misma –saqueada de tal modo para extraer y salvaguardar el sagrado crisma–, Philippe Hourelle, al día siguiente, la puso en manos del Rühl. Éste, desconfiando, llamó al orfebre Lagoix para autentificarla. A las dos de la tarde, Rühl, el alcalde y los miembros de la Comuna, se dirigieron a la Plaza Nacional, (antes «Real»). El relicario fue abierto en presencia de todos los asistentes. Se extrajo la Ampolla, y el frasquito de cristal fue destrozado por el representante Rülh, quien envió a la Convención los fragmentos del *«monumento vergonzoso creado por la astuta perfidia del sacerdocio para mejor servir los designios ambiciosos del Trono»*. Se levantó un acta redactada por la municipalidad de Reims, suscrita por todos los miembros presentes, y enviada a la Convención Nacional. El acta se exhibió públicamente en todo el Departamento.

Llegada la Restauración, se planteó la cuestión de la supervivencia de la santa Ampolla, supervivencia sobre la que el 25 de Enero de 1819, se levantó una memoria que recopilaba

18 testimonios de la misma. El 11 de Junio del mismo año se procedió a la devolución de todas las partículas del sagrado óleo. Fueron recogidas en una cajita de plata y encerradas en un cofre con tres cerraduras que, según la antigua usanza, se depositó en la tumba de san Remí. El acta incluye las declaraciones de Dom Lecuyer, su sobrino, y un atestado del abate Seraine escrito con su propia mano.

El Óleo se utilizó por última vez para la unción de Carlos X, cuya coronación se celebró el 29 de Mayo de 1825, domingo de la Santísima Trinidad.[38] El reconocimiento de los restos del óleo antes contenidos en la santa Ampolla, se realizó en presencia de Monseñor Latel, arzobispo de Reims, quien declaró: «*Hemos retirado del cofre de plata... las partículas de ese bálsamo precioso... tras ello hemos apartado de las esquirlas de vidrio, los restos del mismo bálsamo que se encontraban adheridos. Después de haber reducido el total, con precaución, en polvo, lo hemos mezclado con el óleo solemnemente consagrado por Nos el Jueves santo, y lo hemos trasvasado a una nueva ampolla*».

Desde entonces se conserva en el Tesoro de la Catedral, junto con los demás objetos de la Coronación de Carlos X.

El 16 de Octubre de 1937, tres días antes de la consagración de la Catedral, se abrió de nuevo la ampolla para tomar algunas partículas destinadas a la consagración del altar mayor de la Catedral de Reims. Desde 1906, los restos del óleo se encuentran en una tercera ampolla, que reposa en un cofre del arzobispado de Reims.

---

38. No sabemos sin embargo si en esta coronación se utilizaron todos los *regalia*, atributos o instrumentos que acompañaban a la unción real: calzas, espuelas, espada, anillo, cetro, mano de justicia, corona…

Capítulo IV
Los Hautpoul

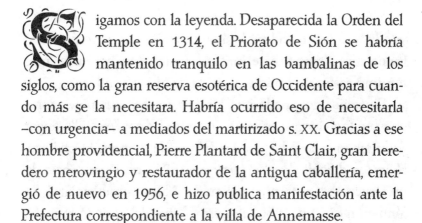

igamos con la leyenda. Desaparecida la Orden del Temple en 1314, el Priorato de Sión se habría mantenido tranquilo en las bambalinas de los siglos, como la gran reserva esotérica de Occidente para cuando más se la necesitara. Habría ocurrido eso de necesitarla –con urgencia– a mediados del martirizado s. XX. Gracias a ese hombre providencial, Pierre Plantard de Saint Clair, gran heredero merovingio y restaurador de la antigua caballería, emergió de nuevo en 1956, e hizo publica manifestación ante la Prefectura correspondiente a la villa de Annemasse.

Como veremos más detalladamente, esa tesis que otorga al Priorato la cuna más prestigiosa, seguida de un secular y misterioso letargo, no prospera. Lo menos que cabe decir es que ya ha jugado su papel y creado un clímax.

El clímax es lo que importa, que permite además desandar lo andado. El Priorato no antecedió al Temple, no lo vivificó interna y secretamente, no existía todavía, pero la rectificación no impide que reluzca con el mágico resplandor templario.

En una entrevista que concedió Pierre Plantard en 1989, confiesa: «*La fundación del PRIORATO DE SIÓN no se remite a las Cruzadas, ni a la declaración en la Sub-Prefectura de Saint-Julien-en-*

Genevoise en 1956, ni incluso a la venerable institución de la Masonería que data de HIRAM *(fundador del Templo de Jerusalén), ni existía, más que* AMORC *(que fue creada en 1915), en el Egipto de los Faraones. Conforme a los archivos que poseemos, que son los del Sr. de Saint-Hillier (tío-abuelo de Philippe de Cherisey), y que proceden del Castillo de Lys, el Priorato de Sión fue fundado el 19 de Septiembre de 1738 en Rennes-le-Château, por François de* HAUTPOUL *y Jean-Paul de* NEGRE. *Si existen otras conexiones antedatables, ciertamente no tenemos conocimiento de ellas»*[39].

Se nos había escapado lo del Egipto de los faraones.

Si se fundó en 1738, la leyenda anterior se viene abajo... y todas sus ínfulas. El problema de esta segunda (o primera) fundación, siempre es el mismo: nada se apoya en el más mínimo rastro que pudiera satisfacer al historiador.

Sin embargo, añade que los pergaminos autentificadores –hoy en Inglaterra– serían los encontrados por l'Abbé Bérenger Saunière en el pilar de la iglesia de Rennes-le-Château. Hay una dificultad: esto ocurre en 1886, con la presencia de un único testigo: Antoine Verdier. Nuevo problema: el Sr. Verdier nació en 1886, el mismo año del descubrimiento. Curioso testigo.

El Sr. Plantard sigue informando: *«todos los documentos oficiales de la familia Hautpoul hasta 1337, fueron copiados por Charles René d'Hozier de Serigny. Heraldo de Armas a las órdenes de Luis XIV [...] El documento original se encuentra en la Biblioteca Nacional, en un libro de antigüedades cristianas»*... Fácil. No tenemos más que consultar los miles y miles de libros de antigüedades cristianas hasta dar con el legajo...

---

39. En *Vaincre*, nº 1, Abril 1989, pp 5-6.

Esta «fundación» de los Hautpoul (personaje que conocen al dedillo los fanáticos de Rennes-le-Château y del abate Bérenger Saunière) es la segunda mítica fundación del Priorato de Sión, a finales del s. XVIII. Es una fundación más inteligente. Hay multitud de cofradías, obediencias, logias y sociedades, que nos son conocidas. Algunas hay que dejarlas de lado por venir perfectamente historiadas; pero hay otras, menos en cartelera, con las que es más fácil fundamentar relaciones que habrían sido circunspectas.

Mucho antes, uno de los dos *missi dominici* (o «enviado del señor», la expresión se ha venido utilizando hasta hoy para referirse a mensajeros secretos o discretos) que envió Carlomagno a la Septimania, llamado Teodulfo, cita una población y castro llamada Rhédae, seguramente con la misma importancia por entonces que la que podía tener Carcasona. Los visigodos la fundaron en el 507 tras ser derrotados por Clodoveo, rey de los francos. Después de la invasión musulmana, la diócesis de Rhédae se convirtió en un Condado (que posteriormente pasó a llamarse el «Razes») bajo la dependencia del condado de Carcasona. En 1067, fue comprado y absorbido por el de Barcelona.

Es allí donde encontramos mas tarde a los Hautpoul. Los Hautpoul eran una noble familia establecida en el «Razes», probablemente en el s. XV. Eran propietarios de la minas de oro y salinas de la región. Ricos e influyentes, participaron en la cruzada contra los albigenses. El último de ellos era François d'Hautpoul, Señor de la casa de Rennes, marqués de Blanchefort, que el 5 de Noviembre de 1732 se desposó con Marie de Negri d'Ables, que aportaba el Señorío de Niort. Tuvieron tres hijas, Marie, Elisabeth y Gabrielle. Esta, Gabrielle d'Hautpoul de Blanchefort (1739-1790), se casó con P. F. Vincent de Fleury en 1767, y de esta unión nace en 1778 Paul-Urbain de Fleury. Por aquí entroncarán los Plantard.

El primero de los citados, François d'Hautpoul, falleció en Mayo de 1753, y su mujer Marie de Nègre d'Able, Señora de Blanchefort, lo hará más tarde en su castillo de Rennes-le-Château, el 17 de Enero de 1781. Habría sido la detentadora de un secreto de familia transmitido desde hace generaciones: el secreto de la secreta supervivencia merovingia, con todo lo que ello implica. No teniendo descendencia propia de varón, antes de su muerte confesó su secreto, y transmitió los documentos oportunos a su confesor, el cura Bigou, de la parroquia de Rennes-le-Château. Éste los ocultó en una cavidad del famoso pilar visigótico que sostenía el altar de la iglesia de Santa María Magdalena, donde más tarde, para el mayor regocijo de cuantos hemos contemplado el espectáculo de la increíble saga, serían descubiertos por Bérenger Saunière, nuevo párroco desde 1885.

Amén de la clave para decodificar el epitafio del panteón de Marie de Nègre, cuyo texto veremos enseguida, también contendría un mensaje especial. Su tenor, la incapacidad de comprenderlo, condujo a Saunière hasta los expertos. Lo llevó a la iglesia de San Sulpicio en París, templo levantado a imagen del de Salomón, situado en terrenos de la abadía de St-Germain-des-Près. Allí fueron enterrados los reyes merovingios, antes de su traslado a Saint-Denis... *Todo lo que asciende, converge*», diría el ínclito Teillard de Chardin.

No olvidamos en esta ocasión, que en el año 70 Tito ocupa Jerusalén y se lleva a Roma el tesoro del Templo. 400 años más tarde (año 410) los visigodos saquean Roma. Alarico acarrea con dicho tesoro, en sus paseos con sus mesnadas paganas, ocupan las Galias y media España. Crean el reino más poderoso del mundo occidental, con capitales en Toulouse y en Toledo. Sólo que los merovingios van a expulsar a los visigodos de la Austrasia, y de estas tierras del Razes por donde ahora andamos, dando pie a la historia que contamos. Y la historia continúa.

Y así pues –veíamos– Dame d'Hautpoul de Blanchefort fue inhumada en el cementerio de dicha localidad. Se dice que su confesor, el abate Bigou, hizo grabar la famosa lápida de su sepultura, cuyo famoso epitafio, con más de una incorrección, reza:

«ÇI GIT NOBLE M / ARIE DE NEGR^E / D'ARLES DAME / DHAUTPOUL
D^E / BLANCHEFORT / AGEE DE SOIX / ANTE SET ANS / DECEDÉE
LE / XVII JANVIER / MCCOLXXXI / REQUIES CATIN / PACE».

Donde se enmascararía la localización de un lugar secreto; un tesoro sito en esta región de Razes, entre Rennes-le-Château y Rennes-les-Bains.

La estela de dicha sepultura –de la que acabamos de ver la losa sepulcral– lleva centrado en cabeza un «P-S» semienvuelto en una línea curva. Para algunos, sería la firma del «P(riorato de) S(ión)»; para otros la alusión al tesoro, en virtud de la línea envolvente que nos remitiría a las letras inmediatamente previas del abecedario, «O (anterior a "p") R (anterior a "s"». De donde «OR», en francés «oro», aquí hay oro…

Figura en el centro la expresión latina «REDDIS RÉGIS / CÈLLIS ARCIS», y centrada en la parte inferior la inscripción «PRAÆ-CUM», sobre la figura de un pulpo característico.[40] En

---

40. Símbolo éste, en idéntico, muy estudiado por *Atlantis* y por el *Hyeron du Val d'Or*, de los que luego hablaremos.

los laterales, de arriba abajo y de siniestra y diestra: ETINAΠX / A???AE?Ω» (léase «*et in Arc /adia ego*, escrito en una abominable mescolanza de latín y griego). Todo ello constituiría el soporte para un código atribuido al cura Bigou, la llave de los secretos dinásticos y dinerarios que al parecer tanto encandilan.

Estamos en la Revolución Francesa. Declarado sacerdote rebelde, Bigou se exila a España. Tras una estancia de dos años, murió en Sabadell en Marzo de 1794. Sin duda, pensando no volver, se llevó con él sus carpetas y legajos, dato que aprovecharán los Plantard: dirán que en Barcelona existen archivos del Priorato.

Todo ello es bien conocido a lo largo y ancho del ancho mundo, por los incondicionales devotos de las cuentas de Rennes-le-Château.

Marie-Anne Elisabeth d'Haupoul, llamada Mademoiselle de Rennes, fue la heredera. Era soltera, y vivió sola con su doncella y un criado. Durante la Revolución tuvo muchos problemas financieros, que la obligaron a vender sus bienes en 1816. Murió en 1820. El Castillo de los Hautpoul pasó a manos burguesas, ajenas del todo a la nobleza de sangre. En el s. XX, contemplamos la oportunista pretensión de Mr. de Plantard, sobre la segunda (o primera) refundación del Priorato por obra y gracia de los Hautpoul. Que aquí desmontamos. ¡Así cayó Sansón con todos sus filisteos!

¿No se dice de los Hautpoul que poseían el tesoro?

Hay un triángulo del mismo como hay otro de las Bermudas, y con parecidos resultados: se traga intelectualmente a quien se entromete. Rennes-le-Château, Stenay y Gisors son los vértices mágicos. El más importante, el de

Gisors. Hacia allí, desde París, se encaminaron los pasos cansinos de los templarios al compás de sus bueyes, arreando doce o catorce grandes carretas repletas, justo el día previo a la confiscación general de los bienes de la Orden. Felipe IV el Hermoso tenía sus buenas razones para apoderarse de ellos y de ello; del tesoro. Tenía las razones de la fuerza de su puño, las razones de la autoridad de su cetro, y tenía al Papa por las orejas. Fue un mal negocio para la cristiandad. Los habrían dejado tranquilos, que ahora serían una Orden de Malta con sus ceremonias, hospitales y beneficencias. No lo que han llegado a ser, o serles atribuido: cadenas iniciáticas, jerarquías paralelas, esoterismos secretos al candil de una vela, logias y tenidas antes de la letra, manipulación universal, y, en el fondo, como última verdad, como única verdad que justificaría un simbólico auto de fe, el inagotable gnosticismo, jamás rendido...

«*El tesoro de los templarios estaría repartido en varios escondrijos, y se cita a menudo la fortaleza de Gisors, en el Eure. Los tesoros descubiertos hacia 1891 en Rennes-le-Château por el cura Saunières, que incluían monedas de oro de la época de San Luis y un cáliz del s.XIII, en parte habrían pertencido a los templarios. Los objetos más preciosos encontrados en un sarcófago de la época carolingia, remontarían a los albigenses, donde habrían sido guardados hacia 1212, cuando llegaron los cruzados de Simon de Monfort*»[41].

Las otras dos localizaciones del triángulo están legendariamente más próximas de tesoros visigodos, merovingios y

41. Véase la Enciclopedia metodológica QUID-99, p. 611-a, que la editorial Robbert Laffont publica cada año.

catalanes. Y aunque no es tan seguro (porque acaso permanecen en las tumbas de los primeros merovingios bajo la cripta de Santa Catalina), también en Gisors...

¿Cuál es el tesoro? En alguna ocasión Pierre Plantard sostendrá que no se trata de un tesoro material, sino inmaterial. En este último caso, tiene las manos libres para propalar *urbi et orbi* que él es el feliz propietario y destinatario. ¿Cómo desdecirle? No sería un tesoro realmente perdido, sino ajeno al conocimiento burgués.

Sería esa condensación de energía SIALAM onánica o sexuada, el rayo verde de Julio Verne, esa Roca Negra en el Razes, próxima a Rennes-le-Château, de quien Plantard canta todo bien, y está en tierras que él mismo adquirió para mejor dorar la leyenda que gestaba. Seguramente la verdad es otra: sacarse ese fálico conejo de la manga, esconde la propia ignorancia del escondite. Porque un tesoro contante y sonante del que nada se sabe y todo se supone sin tener la más mínima pista, de cuyo secreto las claves tenían que dormir en los archivos plantardianos del Priorato, o en el bolsillo izquierdo del mismo Plantard, y no poder ingresarlo en el Credit Lyonnais o en la B.N.P... todo ello, efectivamente, deja suponer que sólo sea una roca y además negra. Le damos la razón. ¿Cómo desdecirle, y al mismo tiempo guardar la seriedad?...

Su naturaleza no encierra novedad. Es como un saco donde podemos meter cualquier cosa, con tanta más alegría cuanto que sería imposible que nos atrapen.

No obstante los tesoros existen. Muy de vez en cuando aparece alguno en circunstancias más o menos extraordinarias. Hay una revista que se dedica a ello.

Pero aquí se trata de otra cosa. Los argonautas se fueron a Sevilla en busca del vellocino de oro; no el de la Orden de Borgoña, cuyo Gran Maestre es el rey de España. ¿No será el vellocino?... Es sólo un ejemplo.

Pero el de la Historia que se asocia a la historia que contamos, sería, en la imaginación de los que la cuentan, de otro tipo. Ya se encontró en España el tesoro de los visigodos, que se exhibe al público. Sin embargo podría ser ese otro, complementario, que se escondió en tierras de la antigua Austrasia, en la región de Toulouse. Sería –seguro– el tesoro de Dagoberto. Convendría saber si Dagoberto tenía un tesoro.

Estamos muy cerca de Montségur. ¿Es posible que fuera el de los cátaros? Sitiados y en instancias de muerte, quizás enterraron algunos pucheros llenos de monedas que, al menos, valdrían hoy su buen valor arqueológico. El Castillo de Montségur fue su último reducto, antes de rendirse a Simon de Montfort. La rendición se planifica. Hubo tiempo para enterrar lo que fuere. ¡No se lo quede el de Monfort!... Pero aquí, el Monségur que está cerca, nos queda muy lejos.

Por pedir, que no quede. Podría ser el tesoro del Templo de Jerusalén que conquistó (que robó, como roban todos los conquistadores) el general Tito. Entre otras cosas la Menoráh de oro, la mesa de oro para los panes de lo proposición, y demás utensilios que se guardaban en el vestíbulo o *Sancta* de dicho Templo.

Podría ser el Arca de la Alianza. Pero no lo es.

Podría ser también ese Grial en el que, por primera vez, el vino se transmutó en Sangre. Pero no lo es. Lo tenemos a buen recaudo en la catedral de Valencia.

Claro está, un inexistente Grial que fuera otra cosa, una copa, un cuenco, un cubilete o un útero materno... podría ser cualquier cosa. ¿Se referirá tan famoso tesoro a la relación de Jesús con la Magdalena, y a su descendencia? Pero esta imputación ignora las fuentes y el rigor científico, y ofende al despreciarnos. Sobre nada reposa y nada decimos, además, porque la tensión arterial se nos dispara peligrosamente. No nos van los modas ni los papanatismos que despiertan.

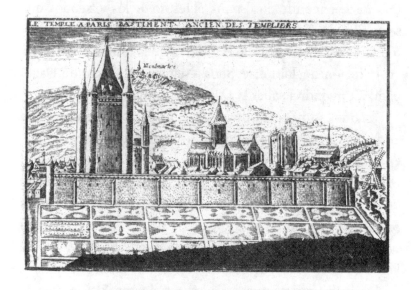

Le temple à Paris, bâtiment ancient.
Fuente: revista *Crapouillot* n°31, p. 7.

Capítulo V
El contexto: fascismos y esoterías

Tras un siglo XIX marcado por las internacionales socialistas y el movimiento social obrero, la derecha tradicionalista, en ruptura con la mentalidad burguesa, se endurece con posturas fuertemente nacionalistas. Aparecen en la Europa de entreguerras movimientos tales como *L'Action Française*, el fascismo italiano y otros que no dejan de inspirarse en los valores tradicionales, gremiales y en las antiguas órdenes de caballería. Según un autor simpatizante,[42] *«dos son los momentos a destacar en el desarrollo del fenómeno 'fascista': un momento inicial de ruptura con la mentalidad burguesa mediante un gesto altivo, cargado de coraje y juvenil voluntad que anhela la acción y el combate, y una crisis activa de los valores imperantes cuya solución constituye el segundo momento de aquel desarrollo»*... Con ello, añádase una sublimidad romántica y wagneriana, sin la cual nunca hubiese prosperado. Más adelante señala este mismo autor, no sin acierto, que se podría definir este tipo de movimientos como una «revolución Kshatriya», esto es, por un lado una revuelta de la casta gue-

---

42. J.J. Manzanera, *Cuadernos de Formación Tradicional*, Ed. Imperium, n° 1, p. 91.

rrera europea contra la burguesía, representada por el capitalismo y, por otro, una revuelta contra el proletariado, materializado en el marxismo. Estos movimientos eran de dos tipos: monárquicos, o nacional-sindicalistas. Pero el espíritu era siempre el mismo.

Todo esto lleva –demasiado lejos y demasiadas veces– a la exaltación de la nación, de la raza, del instinto de la raza, al elemento étnico-nacional. Es el caso de la Falange Española, destacando sus ideales joseantonianos del *monje-guerrero*; o el de la Guardia de Hierro rumana de Corneliu Codreanu (un doble casi perfecto de J. A. Primo de Rivera), que pusieron en vigor la regla del «ayuno negro», la oración y la regla del celibato, aunque sólo para su peculiar cuerpo de asalto. Codreanu recordaba que en las antiguas órdenes militares también estaba en vigor el principio de castidad.

Pero la del Priorato es sobre todo una historia francofrancesa. En ese caldo de cultivo de los fascismos, aparece en Francia, con enorme empuje, el movimiento de *L'Action Française*. Nos interesa puesto que el Priorato nace ciertamente también bajo sus alas.

L'Action française fue modelada a la medida de Charles Maurras (1868-1952) –o directamente por él mismo– con una influencia que ha tenido un peso muy importante en la vida intelectual y en la política francesa del s. XX. Como dice uno de sus estudiosos,[43] ha sido una escuela de pensamiento; no una escuela de acción. Le faltaba eso de «*la voluntad juvenil que anhela la acción y el combate*». Incluso habría un incapaci-

---

43. François Huguenin, *A l'école de L'Action française*.

dad para pasar de la doctrina a la acción. Por otra parte, con Charles Maurras se acaba la «doctrina», aunque obstinadamente perduran, hoy mismo, los partidarios del movimiento.

Para Maurras, el régimen republicano era un desastre, amén de jacobino, tiránico e ineficaz. A la Francia «legal», pero artificial, se le superponía, muda, el «país real» del pueblo que *trabaja y vive*. Propone el remedio: restaurar la monarquía; una monarquía obediente a ese sabio lema: *«la autoridad en lo alto, las libertades abajo»*. No reconoce (a día de hoy) más candidato al trono que Henri d'Orleáns, conde de París, Duque de Francia, que, *de iure*, sería Henri VII. No sin oposición. Según los *legitimistas* estaría sujeto a la más grave inhabilitación personal, al descender esta rama segundona (*cadette*), directamente del regicida Philippe, duque de Orleáns, traidor a su raza, que el 4 de Septiembre de 1792 decide llamarse Philippe-Égalité. Se coaligó con los revolucionarios que guillotinaron –con su voto– a su primo el rey Luis XVI, sin siquiera evitar que a él mismo le cortaran el cuello.[44] Agotada con el último y manso Luis la casa mayor de Borbón-París, la primogenitura sálicamente perfecta recae en la casa de los Borbón-Madrid, y más exactamente en el duque d'Anjou, a saber, el hijo del duque de Cádiz y de Carmen Franco...

Son disquisiciones que seguramente no interesaban a Maurras. El estudio de la historia –dice– nos enseña cuál es el régimen apropiado para un país como Francia. Conocemos su verdadera matriz nacional: una monarquía que ha sido esta-

---

44. Philippe-Égalité fue guillotinado el 6 de Noviembre de 1793.

ble durante mil años. Fuera de ella Francia no ha conocido sino el desorden, regímenes inestables, oscilantes, a caballo entre la anarquía parlamentaria y el recurso a hombres providenciales, como Napoleón, Petain o De Gaulle.

El sentimiento patriótico se identifica con un nacionalismo que estaría cojo sin la Monarquía. En este exaltado sentido, la doctrina –que no la praxis– se identifica fácilmente con los movimientos fascistas que hemos citado.

Sus principios se basan, como decimos, en la contrarrevolución, a saber, una oposición visceral a la izquierda. Se basan en un catolicismo social, en el nacionalismo, el regionalismo, etc. Sus *maîtres-à-penser* son Joseph de Maistre, Hyppolite Taine, Maurice Barrès, etc. y no menos los clásicos de la cultura greco-latina.

L'Action française, sin ser totalmente su caldo de cultivo intelectual, proporciona el clima propicio donde se gesta sin sobresaltos, desde su origen, la aventura del Priorato. Ahora bien, la influencia pública del l'*Action française* ha sido enorme. Si *L'Action française* es Senegal, el Priorato es Alaska.

El emblema de *L'Action française* revela sus principios: blasón que exhibe una paloma portando en su pico una corona mitad de espinas y mitad de olivo, gravitando sobre una flor de lis cruzada por dos espadas en aspa. La corona, de olivo y de espinos, apunta a la religión, la flor de lis a la monarquía, y la espadas a la caballería: una fe, un rey, y el honor. Su origen en 1899 es en defensa del honor del ejército, fuertemente vapuleado por el asunto Dreyfus. Decimos que Charles Maurras fue su gran representante y propagandista. Era un legitimista que se interrogaba –interrogaba a los demás– sobre la oportunidad de una restauración monárquica. Poco a poco conseguirá que el movimiento se convierta a sus ideas. En 1908 sale la conocida publicación del movimiento bajo nombre *L'Action française...*

Todas estas corrientes luchaban contra el internacionalismo en cualquier sentido: socialistas y comunistas por un lado, la apertura global de los mercados y las grandes finanzas por otro. Los mercados abiertos eran el refugio desde donde la banca mundial (los judíos, como así se entendía) podían gobernar el mundo. Evidentemente promovían la decadencia de las naciones. Las naciones o patrias eran su enemigo: *«Uno de los aspectos más curiosos y de los menos observados... es el embargo de los judeo-masones –sea mediante la internacional obrera, por medio de la Sociedad de Naciones, o simplemente por los acuerdos económicos– de cualquier inclinación al internacionalismo que, bajo formas todavía imprecisas, manifiestan los Estados-naciones. Desde Karl Marx a León Blum, dos grandes judíos, los adeptos, que no temen confesar su aspiración de imponer la doctrina judeo-masónica, y de sustituirla a una Iglesia que flaquea en el arbitraje de los conflictos, persiguen sus propósitos con un método admirable...»* [45]

Tanto la internacional-socialista como el mercado mundial, no reconocen fronteras ni destino colectivo nacional. Pero es la patria, o si se quiere la nación, o si se quiere la historia nacional, el lugar común que nos identifica y al que nos debemos. Los movimientos nacionalistas citados, y parte de los que no hemos citado, reaccionan. Como respuesta y como solución proponen una nueva Orden nacional que, para sus

---

45. cfr. Henri de Guillebert, *La question juive.* Es curiosa la definición del judío, que Guillebert recoge en otra parte del texto, atribuida a los hermanos Taraud: *«el judío es el pueblo de la Biblia interpretado por el Talmud».* A primera vista, nos parece exacto.

élites, sería de caballería. Es exactamente lo que formula Pierre Plantard en las editoriales del boletín de extrema derecha *Vaincre* (Vencer): una nueva Orden de caballería. La clientela natural de una Orden «militar» de este tipo es la nobleza; lo que no podía ser suficiente, ni acaso aconsejable. Decir «nuevo» orden significa, hoy, buscar candidatos en el espectro social, al margen del origen individual de cada uno. Buscarlos primero entre los intelectuales, sean de derechas o de izquierdas. La sorpresa –o no sorpresa– es que respondieron de ambos campos. ¡Tanto atraen al hombre los brillos y el boato!

Perfectamente consecuentes, los editoriales citados de Pierre Plantard sugerían una bandera y un himno; simbolizarían la entente de una nueva confraternidad de naciones europeas. Sería un nuevo Sacro Imperio, acaso restaurando la casa de los Hausburgos.

Hubo tiempos de grandes voces y patrióticos griteríos por los atrios de Vichy. Los boletines y revistas afines se exhibían al aire libre, y denunciaban. Los francmasones y judíos, denunciados, se escondían. Mientras tanto, la resistencia de la Francia ocupada organizaba su guerra de guerrillas. Estaban formados por republicanos (también republicanos españoles), comunistas, liberales, socialistas, demócrata-cristianos, y la mayoría de ellos –pronto– gaullistas.

Tal era el ambiente general.

La Guerra la ganan los que la ganan, y hay muchos que se hacen pequeñitos. Después de la victoria aliada, callan. Esperan tiempos mejores. Corre el tiempo. Se legisla contra el racismo y el antisemitismo, que no han dejado de denunciar medios tales como el del Priorato. Éstos, asoman de nuevo a la luz, pero con una inédita sensatez; una retórica

de disimulo. Disponen para sus miembros, como naturalmente, un deber de silencio. Estamos en 1983:

In Hoc Signo Vinces

Nos, Gran Maestro del Priorato de Sión,

En conformidad con nuestra constitución
En conformidad con nuestro reglamento interior,

Artículo 38, texto modificado en la reunión [«Convent»] del
17 de Enero de 1934 y 17 de Enero de 1938.
Artículo 42, texto modificado en la reunión del 17 de Enero de
1956 y 17 de Enero de 1981.
Debido a un proceso político-religioso de difamación contra
los miembros de nuestra Orden, y por la incierta situación internacional,
Decretamos a partir de este día, por una duración de un año,
plazo renovable por tácita reconducción, que queda en suspenso el
texto del artículo xxii de la constitución.
En consecuencia deberemos guardar el anonimato y responder
con la negativa de pertenencia al Priorato de Sión, y observar la
más absoluta discreción sobre todas las peticiones de información
sobre la Orden. Ello es particularmente importante para nuestros
Hermanos americanos durante el próximo período electoral.
El reconocimiento de escritos deberá hacerse sólo por el código, y también deben observarse rigurosamente las contraseñas
entre hermanos.

Dado en el Oriente de Colombes
El 16 de Diciembre 1983

Pierre Plantard de Saint-Clair
G.M. de la O.

Una de las primeras sociedades joánico-gnósticas que, en Irak (Mesopotamia), ha sobrevivido hasta nuestros días, es la religión o sociedad mandeana,[46] todavía activa en el pasado siglo y actualmente en letargo. No dan señales de vida; en Irak, no están los tiempos para gran cosa. Son joanitas por condición natural, mientras que los del Priorato, en la misma movida,[47] lo serían por un insensato prestigio y por conveniencia.

Caracteriza a esta *manda* o gnosis el interés por utilizar los libros sagrados y los Evangelios como el lugar de saberes ocultos, es decir, *utilitarios*. Precisamente, en este tipo de cofradías todo lo oculto suele se utilitario: sirve para algo, para lo mismo, para imbuirse de un saber atractivo con el que tentar al prójimo más que con una manzana. Esta viejísima *manda* tiene por demiurgos la Luz, la Vida y el Verbo; no las designaciones o los atributos divinos, sino las *energías*, algo en definitiva accesible. Estas *energías* que estudiaron los neoplatónicos como remedio –quizás– a la intangibilidad de Dios, se equiparan a los atributos divinos en su dinamismo. Por tanto, son principios con un sentido operativo, y nos encontramos ante una *teurgia* no sólo especulativa... como si hubiera trampa en ello. Sólo la obra «de las manos» garantizaría la idea. También este afán operativo caracterizó a algunos grados (véase los «Elu-Cohen») y obediencias masónicas de tipo martinesista.

Al parecer, la secta surgió hace dos milenios entre algunos discípulos del Bautista, y se habría prolongado hasta hoy. Fenó-

---

46. Ver noticia del Dr. Couchaud en el *Mercure de France* del 15.XII.1928.

47. ¿Qué sociedad secreta *occidental*, es decir, no bajamente subrogada a las metafísicas orientales, no se define de este modo?

meno curioso y no desconocido: asistimos a la confusión entre los dos juanes, el Bautista y el Evangelista; confusión no novedosa sino relativamente frecuente, como comprobamos repetidas veces. Recuerda la confusión de las Marías evangélicas.

No deja de ser una forma peculiar de la vieja y sempiterna gnosis que, incomprensiblemente, ha sobrevivido a los avatares filosóficos y cambios sociales por los que ha pasado Occidente. Ha sido ya condenada, la gnosis; lo enigmático es precisamente su supervivencia. A veces superviven rastros activos de un pasado remoto, sin que sepamos el oscuro o secreto designio. Vemos la siembra que han dejado tras de sí en órdenes religioso-militares, como –se dice– ocurrió con el Temple. Más seguramente en la masonería del s. XVIII, con inoculación en las sociedades neotemplarias o en el Priorato de Sión. De este modo, picoteando, estas últimas se dotan de un bagaje *metafísico* prestado. Son, o quieren ser, gentes de poder; no de filosofías.

Verdaderamente hay pocas cosas nuevas bajo el Sol, como dice Kohelet. Los contradictores afirman que el cuarto Evangelio y el Apocalipsis, por quienes tanto juran la gente mandeana y otros de su cuerda, encierran en sí mismos los medios de refutar sus herejías.

En todo caso han desarrollado un neoplatonismo propio. Tienen variantes. El Priorato no llega a tanto.

Descartando a la masonería, sus ramas, obediencias, templos y tenidas, sobre los que hay una enorme bibliografía, y pues resulta demasiado complejo para el breve resumen que queremos hacer, la dejamos en este estudio totalmente de lado. Tampoco hablaremos de la Sinarquía o Sinarquías (*syn-archè*, gobierno de muchos), cuyo origen está en la obra de Joseph Alexandre Saint-Yves d'Alveydre, «*mar-*

qués por la gracia del Papa y la fortuna de su esposa».[48] Igualmente dejamos de lado la vía de Gurdjeff y el ya mencionado kilométrico etcétera de sociedades *secretas* y pretendidamente *iniciáticas* que, en la época, nacían como hongos en tan húmedos terrenos. ¿Qué diferencia las unas de las otras? Lo mejor que se puede decir de las *secretas*, como el Priorato, es que son sociedades de ayuda mutua. Las *iniciáticas* reivindican poseer una doctrina, o una «influencia», junto con la capacidad de transmitirla. Analizamos únicamente el contexto en el que aparece el Priorato de Sión. Vamos sólo a señalar unas pocas de esas sociedades. Sus características coinciden, en mucha o poca parte, con los planteamientos y comportamientos del Priorato de Sión.

Por ahí –modelo de sociedades levantadas ladrillo a ladrillo por la voluntad de un *Mago*– operaba la O.T.O. (Orden del Templo de Oriente), sobre todo en París y en un Fontainebleau siempre secreto y misterioso. Por allá pululaba su Maestre General *ad vitam* e inventor, Aleister Crowley, apodado la Bestia. No nos interesan sus aventuras, desde los Himalayas (que escaló) hasta Sudamérica y hasta su Abadía de Telesmes en París. Expulsado de la Golden Dawn in the Outer, a la que dio más nombradía que ninguno, y donde pretendió inútilmente al supremo grado de *Ipsíssimus*, se dedicó de pleno a vivir la vida: andanzas, conquistas de *mujeres escarlatas*, y fundaciones, como ésta de la O.T.O., o la *Stella Matutina*. Su lema HAZ LO QUE QUIERAS ES LA SUMA DE LA LEY, tiene un buen acento agustiniano. El manifiesto de la O.T.O. y cuatro cosas

---

48. Varios de sus libros están traducidos al castellano, como *El Arqueómetro y algunas de sus misiones*.

más, pudieron haber contado entre los condimentos subliminales que sazonan al Priorato. Sin ningún complejo, la Orden del Templo de Oriente dice ser un conjunto de iniciados que condensan la sabiduría y la ciencia de los cuerpos siguientes:[49]

- Iglesia Católica Gnóstica.
- Orden de los Caballeros del Santo Espíritu.
- Orden de los Iluminados.
- Orden del Templo (caballeros templarios).
- Orden de los Caballeros de San Juan.
- Orden de los Caballeros de Malta.
- Orden de los Caballeros del Santo Sepulcro.
- Iglesia oculta del Santo Grial.
- Fraternidad hermetista de la Luz.
- Santa Orden de los Rosa–Cruces de Heredón.
- Orden de la Santa Real Arca de Enoch.
- Rito antiguo y primitivo de la masonería (33 grados).
- Rito de Memphis (97 grados).
- Rito de Misraim (90 grados).
- Rito de Swedenborg.
- Rito masónico escocés antiguo y aceptado (33 grados).
- Orden de los martinistas.
- Orden de Sat Bhai.

Y otras muchas de similar importancia y mérito. Cada uno de ellos (o casi) merecería muy amplios comentarios, a los que ahora tenemos que renunciar.

---

49. Cfr. sobre este tema *Claves del Péndulo de Foucault*, Ediciones Obelisco, Barcelona 1989, p. 41 ss.

Ni palabra del Priorato, y con razón: todavía no había aflorado, porque todavía no existía. Pero obsérvese el paralelo: como éste y antes que éste, la Orden del Temple de Oriente se adjudicará en su devenir Maestres prestigiosos: Goethe, Sir Richard Burton, el rey Luis de Baviera, Richard Wagner, Frédéric Nietzsche, y muchos otros de renombre. Antes que ellos encontraríamos a Fohi, emperador de China, Apolonio de Thyana, Simón el Mago, Mahoma, Osiris, Melquisedec, etc. Añaden muchos más. Es el mismo tipo de decomiso de bienes públicos que el que practica el Priorato, entre cuyos Grandes Maestres no estarían sólo Godofredo de Bouillon, Hugo de Payen, Brissaud de Saint Omer o Hugo de Champagne, sino personajes de la talla de Charles Nodier, Victor Hugo, Maurice Leblanc, Claude Debussy o Jean Cocteau (1889-1963).[50] No es nada nuevo esto de concederse antecedentes ilustres para redorarse el membrete.

En su patológica fiebre (o meditado negocio), la O.T.O. pretendía enseñar la ciencia de Hermes, haber resuelto todos los problemas de la existencia, poseería un secreto susceptible de realizar los sueños, y tendría el secreto de la piedra filosofal y del elixir de la vida. No es poco. Humildemente, el Priorato *sólo* pretende materializar su derecho nato al tesoro del Templo de Jerusalén, al Santo Grial (a saber, la copa

---

50. El año 2003 ha sido en Francia el año Cocteau. Con esta ocasión, Gallimard ha publicado, de Claude Arnaud, la biografía de 864 páginas de letra prieta, *Jean Cocteau*, y ha habido alguna biografía más de parecido calibre. Ni palabra de su pertenencia al Priorato, y además como Gran Maestre. Noticia que a Cocteau le habría llenado de regocijo.

de la última cena, y la otra cosa sacrílega si la otra cosa prospera en el mercado esotérico), y a detentar, preservar y reservar para los tiempos oportunos que ya vienen, el secreto de un linaje incomparable.

Encabezaba Orden del Templo de Oriente un *Frater Superior* cuyo nombre no podía revelarse jamás. A saber, Aleister Crowley... sexo, magia, comercio y manipulación. La O.T.O. es un teatro de vanidades de oferta explícita. El priorato, una insinuación.

Visto que la coalición de izquierdas del frente popular arrasaba en las elecciones, en 1936 surge en Francia un grupo de conspiradores que se constituyen en una sociedad secreta político-militar. Su objetivo: planificar un golpe de Estado. Crean el Comité Secreto de Acción Revolucionaria (C.S.A.R.). Comité efectivamente secreto, porque la Cagoule no deja de ser una sociedad secreta expuesta al Sol, pues a plena luz del día predican el derrocamiento de la III República y la instauración de un gobierno fascista. Descubiertos, sus enemigos de izquierdas la llamaron LA CAGOULE (literalmente capucha o capirote) en plan de burla. El nombre prosperó, y no acaban todavía de dar sus última coletadas.

Bajo su autoridad, se encontraban otros grupúsculos como la de los Caballeros de la Espada. Se reunían por la noche para ceremonias y rituales inspirados en la masonería.

El ingeniero Eugenio Deloncle fue su creador, un hombre autoritario, inteligente, valeroso, despiadado, fanático del misterio y del secreto. Recopiló fondos (de algunas empresas) para la compra de armas con las que luchar contra el Estado comunista que creía inminente. Por tanto, esta sociedad secreta, que era un grupo paramilitar terrorista de extrema derecha, inspirado en el fascismo italiano, contaba con un propósito perfectamente concreto de carácter político. Disimulaban sus depósitos de armas en las catacumbas de París. Aprendieron a manejar explosivos. Como demostración, a modo de práctica, volaron por los aires el inmueble del patronato francés, pensando que la acción sería atribuida a los comunistas. Fue el principio de su fin, aunque los conocedores de los entresijos de la política francesa, saben que los medios políticos siguen estando nutridos de *cagoulards,* como –dícese– habría sido en sus buenos tiempos François Miterrand, el anterior presidente de la República francesa.

Sus efectivos superaban los doce mil hombres armados en su momento más álgido. En 1937 la policía se infiltró en La Cagoule, deteniendo a sus dirigentes y requisando siete toneladas de armas. Sus militantes tuvieron que refugiarse en Italia y en España (como más tarde lo hicieron los del F.L.N.). A diferencia de esas otras sociedades que ahora más nos interesan, los intereses de La Cagoule eran, primero, de orden político, es decir, la conquista del poder político.

La Cagoule tuvo una apreciable influencia en la sociedad francesa. El Priorato de Sión no tuvo ninguna influencia fuera de la ejercida sobre unos cuantos inmaduros, de los que ya hemos leído sus historias con ese interés que nos hizo devorar *El tercer ojo* de Lobsang Rampa.

Hubo al menos una sociedad secreta femenina fundada por María de Naglowska (1883–1936), a la sombra de la *Magia Sexualis* de P.B. Randolph. Creó el movimiento *La Luz del Sexo, ritual de Iniciación Satánica según la doctrina del tercer término de la trinidad.* El *Tercer Término de la Trinidad,* el Espíritu Santo, es el *imperium* al que aspiran diversas sociedades secretas, y eminentemente, como fin último, el Priorato: una Monarquía universal bajo un Pontificado santo. Aquella, depositará mañana su corona en el Monte de los Olivos, cediendo paso al Reinado Social de Jesucristo.

El Priorato de Sión sería la valla que rodea al secreto de la personalidad del Gran Monarca.

La filosofía de este «TERCER TÉRMINO», o de una tercera Iglesia después de la del Padre veterotestamentaria, y la del Hijo neotestamentaria, data como «doctrina» del Renacimiento italiano, aunque ya aletea plenamente en el Quatroccento. La reconocemos en el espíritu que anima a determinados medios (*Regnabit, Le Rayonnement Intellectuel* [51] etc., por sólo hablar de los de ayer), y en sociedades verdaderamente *iniciáticas* como l'*Estoile Internelle* (también en el bastante inclasificable *Hiéron du Val d'Or*, que más tarde veremos con algún detalle). Reflejan los deseos poderosos de una aspiración cristiana fundamental prometida por las Escrituras: la de la segunda venida de J.C. Ello explica suficientemente la aparición y permanencia, más o menos discreta, de determinadas congregaciones y fraternidades de iniciativa privada. No nos extraña que la potencia de ese deseo haya dado lugar a desviaciones. Corresponderá controlarlos al ilustrado magisterio tradicional de la Iglesia.

Nada que ver todo esto con María de Naglowsaka, que se limita a apoderarse de la terminología disponible. Practicaban el ritual de la estrangulación, por ahorcamiento. Para lo mismo, se reunían en los Templos de amor satánico. Con-

---

51. Se editaba en Loudun, departamento de la Vienne, cerca de Poitiers, sede de l'*Estoile Internelle*, como veremos más tarde.

taban con la masculina colaboración de la Cofradía de los Caballeros de la Flecha de Oro (término muy explícito), sin que les faltara la clientela.

Es curioso que las sociedades secretas (francmasones, neo-templarios, iluminados de Baviera...) tengan sus propios clásicos y sus autores preferidos, normalmente coincidentes: Séneca, los pensamientos de Marco Aurelio, Plutarco (biografías y obras morales), Wieland, Pope, los Ensayos de Montaigne, Helvetius, la Bruyère, de Maîstre, los fabulistas en general, Maurice Leblanc (el padre de Arsenio Lupin)..., y Agatha Christie si preciso fuera. Por citar únicamente a los más inocuos.

En este capítulo, hemos dejado en último lugar a los Polares.

El primer número del *Boletín de los Polares* apareció en Mayo de 1930, aunque la sociedad existía al menos desde el año anterior. Esta sociedad oculta proyectaba crear en Europa un *Centro* emanado del «Ombligo del Mundo», a saber, de la oculta ciudad de Aggartha, un lugar desconocido del que hay una increíble bibliografía que incluye nuestra opinión. Estaría por los Himalayas o sus cercanías, que es desde donde se dirige (con tan poquísimo éxito...) la evolución de la humanidad. El jefe de esta secta firmaba *Zam Votiva*,[52] y era el ayudante del orientalista y teósofo J. Marquès Rivière. Zam Votiva (o Bhotiva) habría heredado de un misterioso eremita italiano, el P. Julián, un método –unas tablas de cálculo– que permitía comunicar con el Aggartha y con los Grandes Instructores. Es el Oráculo de Fuerza Astral. Se dice de este método que da respuestas *claramente oscuras* cuando su interro-

---

52. Es el célebre autor de *Asia misteriosa*.

gador mantiene un espíritu positivo, pero que fracasa rotundamente en caso contrario, como ocurrió en una tentativa de demostración hecha ante representantes de la Prensa.[53] Tal es el método de todos los ocultistas: si les falla el truco, es porque la audiencia mantiene un posición incrédula o incluso hostil que dificulta la efectividad del propósito que los reúne... La secta profesa una metempsicosis cósmica: las almas se encarnan sucesivamente en los diversos planetas, antes de reabsorberse en lo «Inconcebible» (¿el Nirvana?).

Su nombre, según sus propias fuentes, se debe a que la Montaña sagrada, primordial, de donde todo procede, ha ocupado siempre una posición *polar,* y puesto que la tradición primordial sería hiperbórea. Y como ello ya está confirmado por su famoso Oráculo, tenemos que creerlo a pies juntillas.

¿Qué es eso de «Tradición primordial» y qué el que sea *hiperbórea?* Veámoslo con algún detalle: el presupuesto *necesario* para una tradición *primordial* será el de una revelación dada de modo atemporal o, vista la dificultad, en un tiempo absolutamente detenido, pero que se ubicaría a principios del Cuaternario. El segundo presupuesto es el de una humanidad reducida a un pequeño núcleo compacto y exclusivo, geográficamente unilocalizado, pues la coherencia exige que sea toda la humanidad la receptora de la revelación. Es la mítica Edad de Oro. El tercero quiere explicar la diversidad en la que estamos: será el fraccionamiento de aquella situación unitaria; fraccionamiento contemplado tanto en clave fatal (ciclológica) como providencial (acíclica).

---

53. Ver la *Revue Internationale des Sociétés Secrètes,* n° 7 de 1930, p. 214.

Se parte, pues, de una situación paradisíaca en la que el brujo psicoanalista (el psicoanalista siempre es un brujo)[54] adivinaría las nostalgias colectivas del útero materno. Precisamente es la situación descrita en los primeros capítulos del Génesis, aunque también en otras cosmogonías de *esta* misma región. Es el cuerno fértil, donde florecía la cultura y amanecía la Historia con Egipto y Súmer, mientras que el resto terráqueo dormía el sueño mesolítico.

Colmando con paréntesis de aire el hiato de milenios de silencio, el esoterista mitólogo se queda con la Hiperbórea o Thule (pues tanto monta monta tanto) que dice ser *«tierra de los dioses»*, *«estancia de los bienaventurados o inmortales»*, o mencionándola con otros apelativos de la misma hipnótica virtud. Situada «también» al norte de la Gran Bretaña, se identificaría con la isla de Avalón (quizás «Apolón» o Apolo, el Horus hyperbóreo), la isla de las manzanas que confieren inmortalidad. Flaquean los testimonios y quedamos en plena nebulosa, pues lo mismo ocurre con las de oro del Jardín de las Hespérides que, en cambio, conforme a los trabajo de Hércules que parte a su conquista, bien podría hallarse en Andalucía, si no en la cadena del Atlas o en Mauritania. Lo que es puro griego.

En la mitología escandinava, horizonte exótico y mal explotado por el esoterista, encontraremos al indefinible Loki, dios del Mal, difícil de encajar entre Vanes y Asas, pero que

---

54. Despedido el ángel de la guarda, «alguien» ha tomado el testigo, que se sienta a la espalda e invisible para los ojos, como si fuera el daimón de Sócrates. Pascal Quignard afirma: *«il est notoire que tous les psychanalystes sont des démons. Il est notoire que tous ceux qui suivent une analyse proclament sur tous les toits qu'ils sont des genies»*.

también se ocupa de manzanas robando las de Idúnn. Y es por aquí y no por allá, en conformidad con las fuentes autóctonas de la literatura germánica y escandinava, por donde deberíamos conectar con el mito de los orígenes. Los textos se refieren a una batalla entre dioses –Vanes y Asas– que concluye sin victoria de partido, sino en tablas, instituyéndose un *modus vivendi* que es el que les conviene. Los Vanes son supuestamente la segunda raza de dioses del panteón germánico,[55] cuyos principales representantes (Freyja, Freyr y Njörd) revisten un carácter telúrico muy adherido a la tierra y al agua (también a la muerte) y, en una palabra, relacionados con la soberanía mágica. Acabarán dando a luz a elfos y enanos,[56] a nuestros cuentos de hadas que son los de nuestros espasmos psicoanalíticos. Y están luego los Ases o Asas (Thor, Odín, Tyr, Baldor, etc.), el auténtico panteón, las entidades marciales y dioses guerreros que viven en el Asgard, mundo divino opuesto al de los elfos y hombres.

Tierras análogas a las de *El Señor de los Anillos*. Estas fuentes nórdicas de lo religioso y estas energías antropomórficas, son muy similares a las que encontramos en cualquier latitud. El animismo prehistórico del *anima mundi*, las fuerzas telúricas y de la naturaleza, el determinismo mundano, que-

---

55. Para Engels se trata de la primera. Lo deduce de los matrimonios consanguíneos en esta raza de dioses: «los matrimonios entre hermano y hermana estaban en uso en el país de los Vanes, lo que no sucedía en el de los Ases; esto tendería a probar que los Vanes eran dioses más antiguos que los Ases». cfr. «El origen de la familia, la propiedad y el Estado», en nota de Engels a la cuarta edición.

56. cfr- Claude Lacouteux, «Les elfes et les nains au Moyen Age», ed. Imago, París 1988.

dan magníficamente representados con los Vanes, verdaderos dioses *manes*. Si estos dieron lugar en Grecia a los del Olimpo, en la Germania se suplen con los Ases. De este modo el animismo conduce al politeísmo, sin necesidad alguna de sublimarse en las formas teomonistas de la impersonalidad que vemos en las religiones asiáticas.

No encontramos en la literatura alemana (cuyas primeras referencias son del s. XI), ni en los Eddas o textos mitológicos noruegos, ninguna referencia a supuestos «HIPERBÓREOS» tal y como tanto se nos predica. Curiosamente, el animismo nórdico es el eco lejano de la voz clásica y paradigmática: con Hesíodo (s. VIII), Herodoto (s. V), Ctesias de Cnide (s. IV) y hasta con Plinio el Viejo tropezamos abundantemente con ese *melting-pot* de enanos y pigmeos.

Se llena también hueco con otras tierras como Lug o Mú y con la Atlántida de Platón. Hiperobórea o Atlántida, tanto nos da: las primeras referencias son griegas, como lo prueba la etimología. Herodoto confiesa ignorar la localización de la primera, de la que también hablan Hesíodo, Píndaro y otros, abundando asimismo las referencias latinas como en Séneca o en Rufus Festus Avienus. Son propiamente las tierras «al norte» de las fronteras de la antigüedad, lugar de migraciones hoy bien conocidas.[57] No importa: sigue el mito. En el paraje hiperbóreo, y por tanto ártico, en su mismo centro y atravesado por un eje terráqueo sustantivo, se hallaría el emblemático monte Meru... y el planeta girando a su alrede-

---

57. Por ejemplo la de los filisteos o «pueblos del mar», pueblos por cierto arios.

dor. Con más fundamento, aunque todavía contaminado, Pierre Gordon[58] se refiere a los *cuatro ríos* que desde ese divino monte fluían hacia los cuatro puntos cardinales; monte que sitúa en la región armenia y caucásica. Afirma, (sin que se sepa por qué) que «*las tradiciones egipcias, bíblicas, caldeas, griegas y nórdicas concuerdan en este punto, mientras que la epopeya de Gilgamesh lo prueba*».

Para mayor oscuridad se confunden las tierras hiperbóreas con el Agartha[59] o Shambalá (ese Agartha que predicaba Saint-Yves d'Alveydre[60]). Pero aun no basta con esa osadía: también con la melquisediana Sálem, pues esta literatura se permite lo azaroso de mil hipótesis y teorías, cuyas derivaciones nacionalistas y antisemitas, en esa primera mitad del s. XX, nutren las sociedades secretas francesas la de los Alpha-Galates o el Priorato de Sión .

En ese Agartha, al que también *se accede con platillos voladores* (según Jean Robin, un estudioso de prestigio, pero últimamente un iluminado), sería la sede de la *Shekhináh* (la «vecindad» o «presencia divina»; para muchos, una diosa paredro) que ahora se manifestaría aquí, en estos Agartas, levitando plasmática del modo más material o, al menos, energético. Y como se pretende que el paredro (el esposo) de la presencia divina sea Metatrón, no faltará este buen arcángel judío en la compañía

---

58. *L'image du Monde dans l'Antiquité*, p. 36.
59. Para la localización del Agartha ver Ferdinand Ossendovski, *Bêtes, Hommes et Dieux*, Librairie Plon, París 1924. Hay traducción castellana.
60. cfr . su obra *Misión de l'Inde en Europe, Misión de l'Europe en Assie. La question du Mahatma et sa solution*. Ed. Durbon Aîné, París 1949.

muy mezclada de gentiles variopintos, de las Waften-SS, de brahamines, panditas, lamas, Melchor, Gaspar y Baltasar, de Melquisedec, Longinos y Perceval, y últimamente (nos dicen, consultemos a Robin) del mismísimo san Adolfo Hitler, sin que quede claro si sigue vivo o en «mojama», tal san Lenin todavía en el Kremlin, incorrupto y mirobolita.

Volviendo a los Polares. Editan su propio boletín, donde también se dicen los continuadores de la Tradición boreal.

Pero más interesante ha sido lo que antecede sobre los hiperbóreos, que seguir con los sueños de tan atrabiliarios personajes, con la historia de sus oráculos, o con la varita de Pico della Mirandola que, gracias precisamente al oráculo, encontró un buen día Zam Bhotiva. Vibraba en las cercanías del oro: fue a buscarlo a Montsegur, pero la varita no vibró; vino a buscarlo a España, y tampoco. ¡Qué raro!

Cultivan sobre todo el simbolismo del número 9. Compruébese: su sede social estaba en el n° 36 de la Avenue Junot, en el 18° distrito de París. La fraternidad estableció para sus miembros, al principio, una cotización de 9 francos, que luego se elevó a 1,80 para Francia y 2,40 para el extranjero. El precio del *Boletín de los Polares*, reservado a los Hermanos y que aparecía el 9 de cada mes, era de un abono de 18 francos, etc. ¿Para qué quieren más? Tampoco el Priorato se priva del nueve. En esto son iguales. Lo veremos luego.

Capítulo VI
El personaje:
Pierre Plantard de Saint Clair

odríamos entender que el lance excepcional de la toma de Jerusalén mil años después de la muerte del Señor, no podía dejar de arrastrar, en la catarsis colectiva, una constelación de reacciones y una explosión de mitos capaces de dar cuerpo a multitud de fenómenos y, prolongándose sus efectos en la duración –aunque cada vez de modo más soterrado–, adjudicar lecturas metahistóricas a exteriorizaciones tan perfectamente encarnadas en la Historia como esa Orden del Temple de inagotable rendimiento.

Es la genética que se otorga a sí mismo el Priorato de Sión, que no teme retrotraerse mil años para buscar alcurnia y caballería. Porque antes que la reclamación del linaje de un rey perdido, antes de la de ser el receptáculo de extraños misterios y antes de otra cosa, entre los antecedentes fabulosos del Priorato y en la mente de un idealista de 17 años, está la seducción por una caballería andante.

Nacido en marzo de 1920, en 1937 Pierre Plantard cuenta, en efecto, 17 años, una precocidad extraordinaria. Se pondrá a la cabeza de una pequeña organización que funda y llama *La Unión francesa*, organización antisemita y antimasónica que, en el censo de 1939, contaba con largo más de dos mil afiliados. Se ocupa también de la juventud (*Juventud de Francia*) y organizaba campamentos de verano como el que creó entre Agosto y Octubre de 1939, tomando gratuitamente a su cargo a 75 adolescentes. Era sólo el experimento preliminar precursor de lo que había de venir después: los Alpha-Galates y el Priorato de Sión. Se diría una estrella en imparable ascenso.

Hijo de su medio y de su tiempo, fue un notorio y precoz antisemita próximo a *L'Action française*. En los primeros sesenta pretendía todavía (posteriormente va a negarlo en los ochenta) que el Priorato había sido fundado por Godofredo de Bouillon, quien odiaría a los judíos y que, tras la toma de Jerusalén en 1099, habría hacinado un gran número de ellos dentro de una sinagoga y prendido fuego. ¡Hornos crematorios! Nótese: estamos ya en la década de los sesenta, y por entonces ya se conoce la realidad del Holocausto.

Pierre Plantard de Saint Clair (18 de Marzo de 1920–Febrero de 2000), según las fotos de mediados de los noventa a las que hemos tenido acceso, tenía un aspecto completamente ordinario. A primera vista se parecía físicamente al protagonista de la película española *Justino, un asesino de la tercera edad*. Ya se dijo (alguna de sus relaciones) que ello podía sorprender a quien no lo conociera sino de *ouï-dire*. Un personaje tan sabiamente sustraído a la curiosidad, de tan altas pretensiones y de quien sólo en círculos cerrados se hablaba tan en voz baja, parece que tendría que haber presentado un aspecto mucho más grave. Sin embargo –de lado el dedicarse al saqueo descarado de datos de la ciencia histórica sin ninguna consideración ética, lo que predica grandemente que no era tonto, sino todo lo contrario, brillante–, practicó la honrosa profesión de delineante proyectista. Había sido el documentalista de los trabajos ya citados de Gérard de Sède, ante quien se presenta como el detentor de los secretos de Rennes-le-Château. El negocio no fue malo para ninguno de los dos: ni para el escribano, ni para el proyectista mitólogo. Se repartieron el botín de derechos de autor del siguiente modo (todos los testimonios concuerdan): 60 % para Plantard, y 40 % para G. de Sède. Este mismo lo confiesa.

En efecto, entre 1950 y 1960 aparece Plantard en el escenario de Rennes-le-Château,[61] y conoce a los «historiadores» locales, por entonces ya en plena mística efervescencia en cuanto a los relatos y leyendas del lugar. Plantard demuestra su genio. Se apodera a su favor y embellece la historia que rodea al cura Saunière. Más tarde encuentra a Gérard de Sède, y reescribiendo el manuscrito que éste ya tenía preparado sobre el *affaire*, publican en 1967 *L'Or de Rennes*. El contrato del libro (ese 60 % y 40 %) incluye la figura de Philippe de Chérisey que, como así lo confiesa, crea con sus propias manos los famosos pergaminos. Cuando Chérisey era el Gran Maestre del Priorato, refiriendo un incidente con un loco, escribe a Plantard (11.VII.1985):

> «he recibido cartas de amenazas de un loco
> que dice llamarse Roger Dagobert [...]
> Pretende que su nombre viene citado como
> propietario del tesoro de Rennes, en uno de
> los pergaminos, justo el que he fabricado yo.
> La estupidez humana no conoce límites...»

_____

61. Acompañado de su (todavía) gran amigo Philippe de Chérisey, a quien no vamos a introducir en esta historia, porque forzosamente, no sea sino por espacio, debemos poner coto a nuestras fuentes. Baste decir ahora que el 10 de Julio de 1984, tras la dimisión de Plantard, fue elegido Gran Maestre del Priorato.

Sin embargo el libro citado de Gérard de Sède asegura que estos pergaminos forman parte de los documentos del Priorato. Según se mire... con toda la razón. Así se escribe la Historia...

Pero todavía seguimos con sus 17 años, cuando andaba encandilado con la facundia de otro mitólogo que le doblaba largo en edad. Su nombre: Paul Le Cour. Según su diagnóstico, Occidente periclitaba, naufragaba. Clamaba a todos los vientos por la solución: una nueva Orden de Caballería, occidental, tradicional y crística (*christienne*, un neologismo). Sus cofrades serían los caballeros prometidos para los últimos tiempos; caballeros del Apocalipsis dispuestos a pelear la inminente lucha escatológica, que había de clausurar la Historia. Precisamente podrían constituirse como «PRIORATOS»... aprovechando que Francia es rica en monumentos de alta época, muy apropiados para esta institución.

Decir que el idealista Plantard (así nos lo figuramos por entonces) se lo tomó a la letra, es poco. Se lanzó. Sin duda acabó cayendo en su propia trampa y viviendo en su propio mundo. Esto, quizás, lo explica todo.

En apenas 20 años, y casi sin colaboración ajena, Plantard fundará varias asociaciones y «Órdenes», con sus boletines y órganos de propaganda propios: *La Unión Francesa, Juventudes de Francia*, la *Orden Caballeresca de los Alpha-Galates*, la *Orden del Priorato de Sión*, el boletín *Vaincre*, el diario *Circuit*, etc. Ambas Órdenes son lo que más importa ahora. En primer lugar están las gestas de la Orden de Caballería de los Alpha-Galates, con Pierre Plantard como primer Gran Maestre de la misma. De ahí al Priorato, un paso.

Con todo ello se le sube la adrenalina y se dispara la ambición. Un buen día –pero ya con 39 años y con todas sus *obras* en marcha– aparece en Rennes-le-Château, donde algo se mueve. Llega como buen podenco guiado por su cultivado olfato. No hay duda. Tardará muy poco en pretenderse el descendiente directo de los reyes merovingios. Se escudriñan y reelaboran las fábulas. El último merovingio de la corona de Austrasia, Dagoberto II, fue asesinado por el partido de los carolingios en el s. VII, pero antes de morir, habría dejado un hijo varón, Sigiberto IV, totalmente desconocido por los historiadores. Escapó a los asesinos de su padre y se refugió en la ciudad de Rhédae, de la que fue el primer Conde. Ya lo hemos dicho. Historia olvidada... si se pudiera olvidar lo que nunca fue. Pero Plantard, y con él el Priorato, recuerdan. No olvidan que los «mayordomos de palacio», etcétera, y los Capetos, usurparon el trono que a él, Plantard, *retoño ardiente*, le corresponde *de iure*. En ello va a basar Gérard de Sède (con el reparto de beneficios antes visto) su trabajo *La race fabuleuse...*

Pobre historia secuestrada.

El Priorato sólo aparece en la mitad del s. XX en la estela de dos guerras mundiales, tras tiempos de cerrazón nacionalista como no hubo antes. Y vemos que ello ocurre en el campo fértil de las «luces» y de un racionalismo de los s. XIX y XX también inédito. La religión pierde espacio público a trompicones. Deja vacíos en el aire sus contenidos sacrales y ceremonias, apoderándose de ellos el espacio seglar laico e incluso ateo, a saber, la misma República, que se dotará de formas, festejos y principios sagrados, y por tanto, traicionando su propio laicismo (lo que nadie ha denunciado, que sepamos), estando ante el laicismo traicionándose a sí mismo (lo que nadie denuncia: se traiciona si asume fastos y solemnidades republicanas, que son fotocopia de las religiosas), o lo mismo harán las logias neotemplarias, masónicas o plantardianas. Es el contrapeso a lo religioso que desaparece del proscenio, pero que, siendo infinitamente necesario, siempre retornará *al galope*. Y aparecen en Europa el sarpullido de nuevas sociedades secretas y, también, la imputación de ese mismo carácter oculto, y disimulado, a congregaciones u órdenes ya existentes y que nunca lo fueron (véase los jesuitas, el Opus Dei, etc.). Que para nada pretendían a *tanto*. El Priorato se instaura, más que en esta «movida», en esa reacción que, queriendo elevar el tono, aspiran a una nueva caballería, lo que inevitablemente quiere decir un nuevo elitismo, pero que no cuadra con la idiosincrasia moderna. Que ya dio lugar, en lo político, a los movimientos *fundamentalistas* de la derecha.

El nuevo Orden se designará con dos términos, *priorato* y *Sión*, tan prestigiosos como anacrónicos y diacrónicos para con el positivismo reinante. Un gaje de éxito para la tarea que se persigue: mezclado con el juego mistagógico y la feria de vanidades, la cooptación de personas que cedan crédito y tribuna. Con ello se consigue existir con grandes aires de *deus ex machina* de la cosa pública, subsistiendo mientras el engaño dure. El ensayo general, para *algo* que todavía estaba en nebulosa en la mente de Plantard, fue el asunto de los Alpha-Galates.

La Orden de los Alpha-Galates fue fundada por el Conde de Moncharville, quien, junto con Paul Le Cour, fue el mentor de Pierre Plantard de Saint-Clair. Algunas noticias aseguran que, con esta creación supuestamente del conde, se pretendía favorecer las ambiciones dinásticas de este Plantard. No damos un excesivo crédito, no pensando que, por entonces, Plantard ya las tuviera. Sólo estamos en 1936. Todo ello vendrá más tarde.

ALPHA-GALATES: así la bautizaron, visto que la caballería *gálata* o *gala* (que dataría del tiempo de los galos), sería la forma más antigua de caballería del mundo occidental, lo que es lo suficientemente impreciso y mal documentado como para que quede en el aire a cargo de la duda. La asociación fue una de los tantos movimientos nacionalistas que brotaron antes de la II Guerra Mundial, que, en pro de la cultura y del exclusivismo patrio que veían atacados, denunciaban el internacionalismo judeo-masónico que tenían en frente. Todos ellos florecieron en la primavera de Vichy, entre 1940 y 1941, en tanto que los francmasones, tan numerosos en la Administración, sobre todo en la enseñanza, hacían corriendo las maletas y se apuntaban al paro. Es un modo de decir. En cuanto a los Alpha-Galates, sólo vinieron a decaer tras la Liberación. No olvidemos el papel muy importante que jugaron los comunistas, republicanos e intelectuales de izquierdas en la liberación de la bota nazi.

Pero estamos bastante antes, y ni siquiera ha sido llamado Petain al poder. No formado su gobierno de Vichy. Los Galates nacen y prosperan con un claro designio. Su propósito confesado es el de despertar a una nueva conciencia, y la renovación de la Patria.

> «El problema esencial que interesa para la reconstrucción de nuestro país es el de la conciencia. Si contemplamos atentamente la situación, veremos que el proyecto de lograr el renacimiento que necesitamos, concierne a la educación física y moral»,

declaraba entonces el joven Pierre Plantard, en una conferencia multitudinaria. Sus epígonos decían que, más que un programa, Pierre Plantard planteaba un ideal de pureza ideológica, incontaminada de venenos extranjeros. Unos fines específicos para los que convenía el amparo de una nueva Orden de caballería. Ella será el medio adecuado, porque...

> «para situar a nuestra Patria donde realmente le pertenece, al servicio de su "verdadera misión", debemos erradicar de su alma los elementos patógenos, los falsos dogmas tales como el secularismo, el ateísmo, y los principios corrompidos de la vieja democracia judeo-francmasónica. De este modo, nuestra Orden servirá como un laboratorio para una nueva Patria ardiente, orgullosa y respetada, exactamente como la queremos construir. Queridos amigos, tal es nuestro propósito. Alpha-Galates os espera».[62]

Aparecen las anteriores palabras en el órgano oficial de Alpha-Galates, el boletín *Vaincre* nº 1. Estamos en plena Guerra Mundial, con resultado no decidido, o acaso pensado al contrario de lo que resultó. *Vaincre* quiere decir «vencer», y de ello se trataba muy explícitamente. Se había elegido campo. Era un boletín de extrema derecha, que dirigía, y en primer plano redactaba, su conceptor Pierre de France, con domicilio de función en 10 rue Labouteux, París 17ème; quien a su vez era el Gobernador General de la Orden de los Alpha-Galates. Pierre

---

62. cfr. El boletín *Vaincre* (órgano oficial de Alpha-Galates), nº 1, 21 de Septiembre de 1942.

de France, es el pseudónimo de Pierre Plantard de Saint-Clair, y verdaderamente vemos que, puestos a elegir un pseudónimo (utilizó al menos otros dos a lo largo de su vida) y, vistas las pretensiones dinásticas que exhibirá más tarde, no podía elegir sino el de *Francia*.

Los estatutos de los Galates (ver en Anexo, pág. 147 ss.) son del 27 de diciembre de 1937, de la mano de Plantard. El Art. 7 dice que...

> «la Orden está rigurosamente cerrada a los Judíos y a cualquier miembro reconocido como perteneciente a la orden judeo-masónica».

Este órgano, muy conocido por entonces, es de los primeros en recabar una *cristal nacht* al menos simbólica, pues no se le conoce a Plantard ninguna inclinación verdaderamente guerrera. ¿Significa que Plantard era un nazi? Debemos considerar, al menos, que aquellos tiempos eran otros. El antisemitismo estaba en el aire; no había acaecido todavía la II Guerra Mundial, ni la barbarie sin nombre de la Shoáh. Plantard podría pasar muy bien por un *honnête homme* y por un patriota.

En el n° 5 de *Vaincre* (enero de 1943), ya en plena ocupación alemana, Pierre Plantard declara lo siguiente:

> «Quiero que la Alemania de Hitler sepa que cada obstáculo que ponga a nuestros planes, también les dañará a ellos mismos. Es la resistencia que plantea la francmasonería, la que está socavando el poder alemán»...

¿Qué quería Plantard del Fürher, para prevenirle públicamente contra posibles obstáculos administrativos? El boletín salió a la calle. No podía escapar de una reconvención, aunque eso no es nada. Nos parece una clara evidencia que sólo estas palabras le podrían haber valido –tras la liberación de Francia– una gravísima acusación por traición y colaboracionismo.

Justo en el párrafo anterior del que acabamos de ver, decía:

> «la gente sabe que nosotros, sagaces guardianes de la cristiandad, estamos activos, y que uno de nuestros propósitos es evitar la refundación de las francmasonerías. Cierto periódico, sometido sin ninguna duda a una influencia masónica segura, nos adjudica el hecho de ser peligrosos, y, con un lenguaje claro, asegura que nuestra Orden no es sino "una masonería reconstituida"».

Y aunque no llega a tanto, que ya lo quisieran, tiene que ser duro esto de verse acusado el acusador de lo acusado...

El grado más alto que se podía alcanzar en la Orden era el de S.M.D. (Su Majestad Druídica) y, naturalmente, Su Druídica Majestad (función y título que nos precipitaría a la consulta del frenopático más cercano) era Pierre Plantard. Con causa el número 123 de la revista *Au Pilori* («A la picota»), de 19 de noviembre de 1942, se reía por los bajines:

> «expresamos con completa imparcialidad nuestra admiración por esta nueva Orden de Caballería, y deseamos a Su Druídica Majestad un éxito completo en el cumplimiento de su trabajo»...

Debemos dejar que en este momento de la historia Pierre Plantard, al calor de los turiferarios que nunca le faltaron, asimile el resultado de la Guerra y se ponga a cubierto. No tuvo ningún problema con la Administración por causa de las tesis defendidas durante la guerra. Plantard se consagra entonces a sus altas funciones esotéricas por el bien de la Patria, y vive su propio mundo. Vayamos ahora hasta el año 1956.

En el Boletín Oficial de la Republica Francesa de 20 de Julio de 1956, n° 167, p. 6731, se anuncia la fundación del Priorato de Sión, que preside Pierre Plantard de Saint Clair. Declara domicilio en el Bâtiment B, Sous-Cassan, 74100 Annemasse (departamento de la Alta Saboya). La fundación en sí tuvo lugar unos días antes: el 25 de junio del mismo año. Por entonces, Plantard estaba empleado como delineante en las Establecimientos Chanovin. Ya sabemos que *Chyren* abrirá pública consulta como echador de cartas y vidente.

Así pues, en 1956 se realiza el registro del Priorato de Sión en la Sub-Prefectura. Luego el Priorato no data de las Cruzadas, sino –humildemente amparado bajo la socorrida Ley 1901, ley que todo el mundo conoce– sólo del A.D. 1956. Un espeso humo se disipa; unas cuantas altas fantasías van pronto a desmoronarse al suelo bajo el peso de la necesidad, aun a costa del ridículo... mas no temamos: en este mismo *annus Domini* 2004, el Priorato sigue todavía coleando, aunque muy poco. Subsiste que, hace unos diez años o poco más, impelido por los mordaces recelos de sus correligionarios, Plantard de Saint-Clair confesó que no había ningún problema en afirmar que el Priorato no data de las cruzadas, sino del s. XVII con la familia Hautpoul. Se desmonta así un rentabilísimo juguete, y se arma otro mejor. Y siendo él la persona más autorizada en el devenir del Priorato, habrá que creerle. Borramos por tanto de nuestra agenda el año 1099 como el de su mítica fundación, y remitimos a los ámbitos del bulo todas esas historietas sobre una fundación jerosolimitana de manos de Godofredo de Bouillon, y mas aún su inseminación parasitaria en el corazón mismo de la Orden del Temple, su tapadera.

En una carta datada del 6 de Julio de 1989, dirigida «A todos nuestros Hermanos»,[63] dice:

«Durante este corto tiempo he podido poner las cosas en orden en nuestros antiguos archivos... por fin he podido concluir las investigaciones sobre el origen del Priorato de Sión. He podido acabar con una 'mitología' de falsos Grandes Maestres, con los que se pretendería formar una cadena que llegara hasta la Orden del Temple e incluso hasta Jesús!

El Priorato de Sión es reciente, ya que las actas encontradas en BARCELONA [en versalitas en el original] prueban su creación en 1681 en Rennes-le-Château, lo que queda muy lejos de la desaparición de la Orden del Temple en 1314.

En su origen, el Priorato se inspiró en el espíritu de los Caballeros de la época de Godofredo VI, dicho el Piadoso, Duque de Bouillon, hacia el año 1099. Luego vino el impulso de los Hijos de San Vicente, que canalizó a los adeptos de la Compañía del Santo Sacramento disuelta en 1665. La Orden guarda su ritual secreto y los grados, copiados en 1934 por Georges Monti cuando la fundación de Alpha-Galates, etc..»

---

63. *Frères* en francés. En este contexto quizá se podría traducir también por *Cofrades*. Ya era hora de decirlo.

Calado hasta el fondo en sus reclamaciones jerosolimitanas, Plantard se inventa una historia tanto o más bonita. En todo caso más inteligente, más próxima a las verdaderas cofradías místico-cristianas que preexistieron y sobrevivieron a la Revolución francesa. Y, además, se aproxima al resguardo de una cierta ortodoxia romana, o, mejor, se aleja a grandes pasos de la heterodoxia gnóstico-templaria que tanto prosperaba antes de la guerra, ahora suficientemente desacreditada. Evidentemente –las cartas claras– declara que sigue sin ninguna documentación que avale la nueva cuna.

Ya lo había confesado un poco antes. El 4 de Abril de 1989, Pierre Plantard se dirigía a los *Très Chers Frères*:

> «La mayoría de los miembros de Sión creen, como yo mismo, que la fundación del Priorato remonta al 17 de Enero de 1681, en Rennes-le-Château. Sin embargo, pese a nuestras investigaciones, estamos en la imposibilidad de dar con un documento que pruebe y confirme esta fecha.
>
> »Lo que tenemos en mano es un pliego del Cardenal de Fleury, entonces ministro de Luis XIV, por el que hace entrega al abate Jean Paul de Nègre, antiguo gran Vicario del Obispado de Alet, de unas sumas importantes para '[ilegible] el Priorato de Sión el 19 de septiembre de 1738.»

También lo confirman los socorridos archivos de Barcelona que cita en la carta anterior, de los que en seguida trataremos. Dichas declaraciones son importantes, pues inhabilitan definitivamente –si necesario fuera– las tesis proto-templarias. No hay daño. El clímax mistérico que aquellas garantizaban, perdura... como era de prever. Queda actuante la música que se tocó.

Era difícil que prosperaran aquellas tesis, aunque, ¿por qué no? ¿Acaso no se ha sostenido –en los medios guenonianos y otros–, que la Orden del Temple era una Orden joanita, encargada de asegurar las relaciones de Occidente con un oculto Centro del Mundo, y que, además, mantenían una constante relación con fuerzas tan oscuras del mundo musulmán, como los *Asesinos* del Viejo de la Montaña? Si así fuera, ¿no se justificaría amplísimamente la condenación canónica y la Bula pontifical de Clemente V *Vox Clamantis*, que en 1314 abolió la Orden?

«So pretexto de defender Palestina, habrían preservado de una invasión cristiana los accesos del inaccesible refugio donde se ocultan los Grandes Superiores desconocidos, y quizás, en persona, preservado al Apóstol Juan, encargado de instaurar, cuando el segundo advenimiento del Salvador, una jerarquía diferente, superior al sacerdocio de Pedro y a la Iglesia romana. Sus herederos han sido los Rosa-Cruces. De ellos descienden más o menos directamente todas las sectas contemporáneas, cuya inmensa conjura vemos reanudarse a ojos vista: maniqueos, sufíes, gnósticos, francmasones (...) todos los cuales ansiosamente desean y preparan la suprema catástrofe del mundo cristiano».[64]

AMÉN.

---

64. cfr. *Révue Internationalle de Sociétés Secrets* (R.I.S.S.), Enero de 1930, crónica *Ça et Là*.

El nº 3 de *Alpha Galates,* cuyo editor y director por esas fechas es Thomas Plantard de Saint-Clair (110 rue Henri Dunant, 92700 COLOMBES), hijo de Pierre Plantard y su sucesor a la cabeza del Priorato, contiene un artículo que él mismo firma, donde se aclara *recurrentemente,* y esperamos que definitivamente, tan absurda cuestión. El artículo de Thomas Plantard dice:

ALGUNOS ARCHIVOS DEL «PRIORATO DE SION» DESCUBIERTOS EN BARCELONA

«Desde finales de 1939 se han localizado en Barcelona algunos archivos del Priorato de Sión, donde el Conde de Saint Hillier los depositó anticipándose a los acontecimientos que habían de conducir a la II Guerra Mundial.

»Estos archivos consisten en varias declaraciones de Pierre Plantard sobre la fecha de la fundación del Priorato. Ello ilumina las investigaciones que a este propósito han realizado los hermanos de la Orden. Inicialmente se pensaba que, antes de la II Guerra Mundial, determinados archivos habían sido enviados por el Hermano de Saint-Hillier a nuestro Hermano Gabriel Trarieux d'Egmont, para que fueran conservados en Montecarlo; pero nuestro hermano Savio encontró la evidencia del viaje que, en diciembre de 1939, realizó Gabriel Trarieux a Barcelona, donde, en los archivos de la cámara de la Encomienda, encontró documentos de los Hijos de San Vicente, así como sesenta años de correspondencia y documentos oficiales relativos al PRIORATO DE SIÓN. De acuerdo con estos documentos, es posible resolver las diversas dudas relativas al origen de /.../

la Orden. Estos documentos van a imprimirse en microfilm, y serán publicados más tarde en VAINCRE.

»Ahora ya somos capaces de establecer oficialmente que el PRIORATO DE SIÓN no tiene conexión directa ni indirecta con la ORDEN DEL TEMPLE, ni con la fantástica sucesión de Grandes Maestres que le han atribuido autores como Philippe Toscan, Mathieu Paoli, Henri Lincoln, Michael Baigent, Richard Leigh, etc., y que derivan meramente de la imaginación de la gente y del reino de la fantasía.

»Los orígenes del PRIORATO DE SIÓN son actualmente bastante modestos. El PRIORATO proviene del Razes, y es solamente un más o menos directo sucesor del los Hijos de San Vicente, y (probablemente) de la Compañía del Santísimo Sacramento fundada en 1629 por Henri de Levis. Teóricamente fue disuelta en 1665, aunque 50 años más tarde todavía existían algunos de sus adeptos secretos.

»Ahora sabemos que el PRIORATO DE SIÓN se remonta al 17 de Enero de 1681, teniendo como fundador a Jean-Timoleon NÈGRI D'ABLES, con la participación de Blaise D'HAUTPOUL (+1694) y el Abate André-Hercule DE FLEURY (+1743).

»Deben recordar nuestros Hermanos que, durante la Revolución Francesa de 1789-1792, un gran número de los documentos de la Orden fueron confiados a Maximiliano de Lorena, Arzobispo de Colonia, y luego, en Septiembre de 1840, parcialmente devueltos a Victor Hugo durante su viaje a Colonia. Un cierto número de documentos quedó en mano de los Hausburgo. Más tarde los Hausburgo entraron en contacto secreto con los abates Bérenger Saunière y Henri Boudet (de los dos Rennes), entre los años 1890 y 1914, con el propósito de entablar negociaciones. /.../

»Por "negociaciones" no debemos entender negociaciones financieras, sino las conducentes al intercambio de documentos. Al final de la Revolución Francesa, el PRIORATO DE SIÓN ya intentó obtener de Angélica Lenoir varios documentos oficiales, pero sin éxito, porque ella protestaba que "había quemado todos sus papeles bajo el Terror". Esto no es correcto, sino que confió parte de ellos al Conde d'Antraigues.

»¿Cuál era el secreto de Angélique Lenoir? ¿Por qué proclamó públicamente que había destruido todos los efectos, papeles y manuscritos que se le habían confiado? El abate Delille, tanto como André Chénier, hablan de los "documentos del Temple". ¿Qué Temple? ¿El de Rennes o el de los templarios? ¿O quizás el misterio del Temple?

»Los dos primeros no habrían tenido ningún interés para los Hausburgo, pero ciertamente puede haberlo tenido el último, especialmente si recordamos que Angélique Lenoir era la esposa de Jean-Marie-Alexandre d'HAUTPOUL (con quien se casó en 1781). En la primavera de 1799 Elizabeth, conocida como Mademoiselle de Rennes, invitó a todos sus sobrinos (el General d'Hautpoul incluído) al Castillo de Montferrand, en Rennes-les-Bains. El propósito de esta reunión familiar era confiar a la excéntrica dama de la nobleza, los famosos documentos de Angélique Lenoir. Elisabeth de Rennes falleció en París entre el 18 y el 20 de Mayo de 1820, completamente arruinada, sobreviviendo sólo gracias a la asistencia de las monjas de una orden caritativa. Los legitimistas monárquicos no dudaron en creer que los pergaminos de Angélique Lenoir (conservados en Rennes), relatan la supervivencia de LUIS XVII, y los mismos Hausburgo creyeron en esta versión. En Rennes no se ha encontrado nada concerniente a los documentos de Angélique Lenoir.»

En todos estos documentos comprobamos un agrupamiento de fechas. Se está desmontando pieza a pieza el increíble antecedente templario, y montando pieza a pieza el –si se documentara– más creíble antecedente en el seno de la familia de los Hautpoul, en el siglo XVIII. El problema sigue siendo el mismo, pero peor: no hay documentos, ni una tradición interna que sirva de prueba en su constancia, pues ésta, como sabemos, estaba totalmente consagrada a los templarios.

En 1984 Pierre Plantard dimite como Gran Maestre del priorato. Lo comunica:

Cahors, el 19 de Julio de 1984

Pierre Plantard de Saint-Clair
a los miembros del PRIORATO DE SIÓN

Très Chers Frères (Queridos Hermanos),

Ayer, 18 de Julio de 1984 he presentado mi dimisión como G. M. del Priorato de Sión, Orden en la que ingresé el 10 de Julio 1943, es decir, hace ahora 41 años, con la presentación del Abate François Ducaud-Bourget. Desde mi elección del 17 de Enero 1981, en Blois, he asumido durante tres años y medio un enorme trabajo (amén de continuos desplazamientos) que mi estado de salud ya no me permite continuar.

Además, presento mi dimisión como Miembro, ya que no apruebo ciertas maniobras de nuestros Hermanos Ingleses y Americanos, y deseo guardar mi independencia tanto como la de mi familia.

También otro motivo ha sido determinante en mi resolución: el de la publicación en prensa, en libros y en folletos fotocopiados depositados en la Biblioteca Nacional, de documentos falsos o falsificados que me conciernen (como la partida de nacimiento, la reproducción de documentos del Priorato de Sión, con firmas de hace 10 años -1973 / 1974- adjuntas a la mía) y también actas de difamación de mi persona, por las que he cursado denuncia ante el Juzgado de Nanterre, el 16 de Diciembre de 1983, registrada con el número 83 355 0001 7.

Por todo ello es ante Vds, Queridos Hermanos, a quienes dirijo por la presente mi amistad sincera y mi esperanza en vuestra victoria para establecer una sociedad mejor.

Vuestro afectísimo plantard

No desesperemos. Plantard volvió a ser G.M. en 1989, año en el que propuso (en el mes de Julio) la sucesión para su hijo Thomas como Gran Maestre. En el año siguiente frecuentaba Barcelona, donde supuestamente existían los citados archivos del Priorato, y también se le vio por España en 1995.

Más tarde designará directamente como su sucesor a su hijo. Primero prepara el terreno, y envía una circular, recomendada y confidencial, proponiéndole para sucederle. Posteriormente, en otra circular de 6 de julio de 1989, dirigida «*A todos nuestros hermanos*», concluía:

> «Visto mi estado de salud y mi edad, es deber mío dejar el cargo a mi hijo Thomas, quien, estoy persuadido, asumirá con gran firmeza, entrega y competencia, la pesada tarea de continuar nuestra obra por la unidad y por la paz. – Por tanto: en virtud de los Artículos XIV y XVI de las constituciones solicito de vosotros, Muy Queridos Hermanos, la ratificación del acta de promulgación de Thomas Plantard de Saint Clair, como gran Maestre de la Orden».

Toma constancia el boletín *Vaincre* en una noticia fechada el día 3 de septiembre del año 1989, bajo el título:

THOMAS PLANTARD DE SAINT CLAIR NOMBRADO
GRAN MAESTRE DEL PRIORATO DE SIÓN

que concluye:

Por acta de 6 de julio de 1989, Pierre Plantard de Saint Clair, actual Gran Maestre, informó a los 121 Maestres que, vista la respuesta favorable aceptando la sucesión propuesta al título y a sus prerrogativas, por 107 votos a favor, 5 abstenciones y 9 votos en contra, ello queda ratificado, siendo el 6 de Agosto de 1989, en París, a la hora solar la 10 a.m. Thomas Plantard de Saint Clair ha sido proclamado Gran Maestre, y se ha informado a todos los miembros de la Orden.

* * *

El tiempo del Rey ya ha sido.
Viva el rey.

Relacionamos a continuación la lista de los Grandes Maestres del PRIORATO DE SIÓN del la línea Hautpoul. Habrían sido los siguientes:

Jean.Tim. NEGRI D'ABLES
François D'HAUTPOUL.
André Hercule de Rosset
Charles de Lorraine
Maximiliano de Lorraine *
(período de la Revolución Francesa)

---

* Charles de Lorraine se casó con Marie Anne de Hausburgo. Maximiliano de Lorraine era el hijo de François Etienne de Lorraine y de Marie-Thérèse de Hausburgo.

Charles Nodier
Victor Hugo
Claude Debussy
Jean Cocteau
François Balphagon
John Drick
Pierre **Plantard de St. Clair**
Philippe de Cherisey
Patrice Pelat
Pierre **Plantard de St. Clair**
Thomas **Plantard de St. Clair**

PLANTARD de SAINT CLAIR

CAPÍTULO VII

Del Barón de Sarachaga al Priorato de Sión

xiste en Paray-le-Monial un centro kabalístico misterioso, «francamente católico al parecer, cuya ortodoxia, sin embargo extraña, es aceptada e incluso alentada por la Iglesia. Este colegio de iniciados publica periódicos insólitos, exclusivamente reservados a los adeptos. Allí se inicia a los diferentes grados de la gnosis aritmosófica de Enoch... Los hierofantes del Val d'Or poseen una estatua de la Virgen que porta en relieve las letras Phi y Bêta, cuyo simbolismo acrológico (Phos y Bios–Luz y Vida), es el mismo que el de Apolo (Phoibos) que el del Verbo revelado por San Juan como luz y vida»...,*

...escribía en 1912 el conocido bibliófilo Pierre Dujols. Vemos que de diferente cariz, como de quien persigue fines más nobles y altamente intelectuales (espirituales) son los movimientos que vamos a citar. El primero de ellos, del *Hiéron du Val-d'Or* del que escribe Dujols, muy próximo a Mr. Plantard y al Priorato. El segundo, de *l'Estoile Internelle*, completamente alejado. Es más bien su contrapunto.

Paul Smith, gran seguidor del personaje (de Plantard), apostilla –sin malicia alguna– que dos años antes de la fun-

dación del Priorato, en 1954, falleció Paul Le Cour,[65] fundador en 1926 de la Sociedad de Estudios Atlanteanos y de la
revista *Atlantis*. Se creyó el heredero espiritual del Barón
Alexis de Sarachaga y Lobanoff de Rostoff,[66] natural de
Bilbao, emparentado con Santa Teresa de Ávila. Es interesante y sugestivo que el sabio hermetista Pierre Dujols (descendiente de los Valois, pero es otro tema...), le haga notar a Paul
Le Cour en una carta del 23.II.1925, que *«cosa curiosa y coinci-
dencia extraña, Ignacio de Loyola era un vasco español. Sarachaga es
de la misma región, y Al-Cantara* (sic)[67] *de Galicia. Según me parece,
son los delegados y misionados* [missi dominici] *de un centro oculto
religioso...»*. Estos centros ocultos españoles, existen. La noticia
de algunos duerme en archivos que no interesan ni a los
eruditos, y la de otros, en los archivos privados de algunas
grandes casas de España. También hay rastro de uno o dos
que no han dejado sino un rumor en determinados ambientes (sobretodo) eclesiásticos. De lo que parece no haber ni
rastro, es del estudioso que quiera investigarlos...

---

65. René Guénon criticó algunos de sus libros en *Comptes Rendus* (ed.
    Traditionnelles, París 1973) y también en *Études sur la Franc-maçonnerie
    et le Compagnonnage* (Ed. Traditionnelles 1977). Su verdadero apellido
    era Paul Lecour.

66. Bilbao, 8.XI.1840–Marsella 1918. Alexandra Charbonnier, *O.V.
    Milosz*, ed. L' Age d'Homme, Lausana 1996, proporciona en p. 368,
    Anexo 20, una amplia noticia de Alexis de Sarachaga, en primer
    lugar a la luz del *Diccionario Heráldico y genealógico por apellidos españoles
    y americanos*, por Albero y Arturo García Carraffa.

67. El Conde Esteban de Alcántara era el responsable, en el Hiéron, de
    la *Sociedad de Fastos* (eucarísticos).

Este Al-Cántara –o mejor, Alcántara– que se ha citado, es el mismo que declaraba en el *Politicon,* una de las revistas internas del Hiéron du Val d'Or : «*tenemos necesidad de retornar al simbolismo que, en la primitiva Iglesia, velaba el arcano, a cuya iniciación se procedía mediante exámenes de aptitud... Sabemos el número de mártires que rehusaron revelar el arcano, consistente en signos criptológicos. Hoy todo esto está olvidado, puesto que no existe la iniciación a las dos formas de enseñanza superior que poseen los católicos*». Que es precisamente a lo que se van a dedicar.

En realidad, la obra del *Hiéron* del Barón de Sarachaga responde al estímulo inicial que le proporcionó personalmente el jesuita Padre Drevon, S.J., quien, junto con otros pocos amigos que dirigía, resolvieron fundar, en la capital del reino del Sagrado Corazón, en Paray-le-Monial, un centro de estudios bajo la divisa: OPORTET ILLUM REGNARE (*es preciso que Él reine*). Se puede decir así, sin exagerar, que este centro de estudios se funda bajo el patrocinio de la Compañía de Jesús. No parece estar totalmente en desacuerdo el mentor de Pierre Plantard. En una carta dirigida a Mlle. Lépine en Febrero 1925, al parecer inspirado por unos documentos del Hiéron, Paul Le Cour trasnmite sus impresiones: «*veo cada vez más nítidamente que la obra del Hiéron está de acuerdo con mis propias revelaciones herméticas; por otra parte, esta obra es, con toda seguridad, la creación de un hombre relacionado con la Orden del Temple, hoy representada por los jesuitas*»...

No sólo los jesuitas. Jacques d'Arès concluye uno de sus artículos con el siguiente párrafo: «*aunque las Cátedras Eucarísticas* [solicitadas al Papa por el Hiéron] *no han sido concedidas, sin embargo se obtuvieron otras respuestas: la canonización de Margarita-Maria de Alacoque, la transformación de la* Sociedad del

Reino *en* Liga Universal de Cristo-Rey, *en 1927, que quizá no haya sido más que un camuflaje.. Ocurre además que el* OPUS DEI, *implantado hoy en setenta países, ha sido creado en 1928. ¿Existe una relación, directa o indirecta, entre ambas cosas?»*...

También nos hace observar Paul Le Cour, echando agua al molino de sus desvaríos, que *Drevon*, significa «druida». Relacionando a los jesuitas primero con los templarios y luego con los druidas...

El historiador Jacques d'Ares, por entonces Secretario general y Redactor en Jefe de *Atlantis*, se refiere[68] a la obra anónima *Trans-Orval*, en dos tomos, escrita en 1915. Es la presentación al Papa Benedicto XV del conjunto de la obra del Barón de Sarachaga. La Primera Parte, con la siguiente y sugerente tabla de materias:

- Íberos, celtíberos, hiperbóreos
- Enoc-Hermes
- Los vascos y los eúskaros
- Sarachaga-Bilbao
- Don Alexis de Sarachaga

Sarachaga fundó en Paray-le-Monial el *Instituto Internacional de los Fastos Eucarísticos* y el *Hiéron du Val-d'Or*,[69] sociedad cristiana de estudios históricos, esotéricos y místicos para la propagación del culto al Sagrado Corazón de Jesús, una de cuyas advoca-

---

68. *Atlantis*, nº 252, Mayo-Junio 1969, p. 379.
69. Un *Hiéron* es un recinto sagrado de la antigua Grecia, dedicado a ritos o ceremonias reservadas o iniciáticas.

ciones principales sería la de *Christ-Hostie-Roi*. Abrió un ciclo de publicaciones que había de sucederse cada 6 años: *Le Règne social de J.C. Hostie* (1883-1888), la doctrina del *Institut des Fastes* (1883-1888), el *Novissimum Organum* (1895-1900), el *Politicon* (1901-1906), el *Pan-Epopéion* (1907-1912) y *l'Egide* (1913-1915).

Sarachaga fallecido, el sucesor a la cabeza del Hiéron fue Felix de Rosnay, aunque fue Paul Le Cour quien heredó su *chevalière*. Un *chevalière* es un anillo de sello ancho y espeso cuyo engaste exhibe la cifra o iniciales de quien lo porta, y en este caso el engaste, negro, portaba en su centro una figura blanca de la Cibeles. Blanco y negro y la Cibeles permitirían comentarios exegéticos en los que no vamos a entrar. Le Cour interpretó esta herencia de quien nunca había conocido personalmente (pues nunca se encontró con Sarachaga), como un claro acto de transmisión iniciática y de nombramiento secreto. Su fiel corresponsal, Mlle. Lépine, la íntima colaboradora del barón, estaba convencida de que el peso de la sucesión y el futuro del Hiéron, gravitaban sobre él. En 1931, Paul Le Cour le contestaba: «*ojalá pueda transmitir a otro el anillo que me ha sido confiado por un instante, una vez llegado para mí el momento de abandonar la vida terrestre*». Perdió el anillo en 1948, sin que jamás volviera a aparecer, como implicando que la obra no había de tener continuador.

Aquella carta ya citada de Dujols, empezaba refiriéndose a los *Apóstoles de los Últimos Tiempos* reclamados por la Virgen de La Salette, y seguía con esos *missi dominici* misionados por algún centro secreto español. Refiriéndose a que Paul Le Cour desconocía este Centro secreto y a miembros capaces de un liderato espiritual, la carta acaba: «*Por lo tanto el Hiéron es un fracaso. Pero este ensayo se volverá a intentar bajo otra forma. En todos los casos, vivo o muerto, guardará en relación con Vd. el silencio más absoluto, ya que Vd. no es "de la Casa"»...*

Paul Le Cour nos resume los cuatro fines que, según él, perseguía el *Hiéron du Val d'Or*:

1° Demostrar los orígenes remotos del cristianismo, haciéndolos remontar hasta la Atlántida, vía el druidismo, la religión egipcia, el judaísmo, etc.

2° Reconstituir la tradición sagrada proveniente de aquel hogar primitivo, recurriendo a la gnosis, al hermetismo y a la cábala cristiana.

3° Anunciar y preparar, para el año 2000, el Reino político y social de Cristo Rey.

4° Manifestar el nombre sagrado de Aor-Agni, clave de todo conocimiento.

Bajo León XIII, el barón de Sarachaga estuvo a un milímetro de hacer del *Hiéron du Val d'Or*, en Paray-le-Monial, una verdadera escuela de esoterismo cristiano. Se habrían propagado las ensoñaciones sobre esa famosa clave de las ciencias, el «Aor-Agni» (luz-fuego), que tanto importaba a la revista *Atlantis* de Paul Le Cour. René Guénon tendría una conexión con esta historia por su colaboración con «REGNABIT» [Él reinará],[70] antiguo nombre de la *Revue Universelle du Sacré-Coeur*, cuyos colaboradores más importantes eran Louis Charbonneau-Lassay (*Le bestiaire du* Christ),

---

70. En España se llama o llamó *El Reinado social del Sagrado Corazón*.

l'Abbé Félix Anizan o Dom Démaret. Sin embargo, no es ésta del «Aor-Agni» una reivindicación guenoniana.

Observa la R.I.S.S. (*Révue Internationalle de Sociétés Secretes*) que la revista guenoniana *Le Voile d'Isis* cita estos medios con abundancia. Se admira, y hace notar hasta qué punto las revistas católicas deberían guardarse muy mucho de infiltraciones ocultistas. Y añade: «*No hemos olvidado, por ejemplo, cómo M. De Sarachaga casi había logrado, bajo León XIII, hacer del Hieron du Val d'Or, en Paray-le-Monial, una verdadera escuela de esoterismo católico. Allí, donde han florecido largo tiempo las fantasías de su "Aor-Agni", tan difundidos por ese* Atlantis *de Paul Le Cour...*»

El problema que se plantea es el de la posibilidad de un esoterismo cristiano. A este respecto, un especialista en estas materias[71] nos comentaba la línea de demarcación entre un esoterismo cristiano, idea [posible, no ciertamente] aceptable, y un cristianismo esotérico, seguramente inaceptable, no fuera sino por seguras contaminaciones gnósticas.

El Hiéron fue uno de los moldes que inspiraron a Paul Le Cour para crear su revista *Atlantis*. Esta revista influyó fuertemente en el pensamiento de Plantard, que era un gran admirador de Paul Le Cour (30 años mayor que él), gran conversador noctívago a quien frecuentaba y de quien era muy apreciado. Fue Paul Le Cour, quien creó un *Comité de Acción para una Caballería Moderna*, editando un boletín.[72] Sobre todo fue el gran promotor para la recreación de Órdenes de Caballería

---

71. Jaime Cobreros, en una conversación personal.

72. *Ver en* Atlantis, *nº 269,* Manifeste de la Chevalerie Christienne *(sic), la editorial de Jacques d'Arès.*

bajo la forma de *Prioratos*. En el capítulo «La formación de un nuevo Orden de Caballería» de su libro *L'Ere du Verseau* (La Era de Acuario), publicado en 1937, escribe: «*Los jóvenes han quedado abandonados durante demasiado tiempo sin una guía moral y espiritual. Se ha desarrollado la enseñanza a expensas de la "educación". Por tanto es preciso recrearlo todo desde la raíz. Conseguir la formación de dirigentes y educadores, sujetos a una disciplina simultáneamente heroica y santificante, en establecimiento adecuados: los PRIORATOS, etc.*»

Detengámonos. No busquemos ni un centímetro más lejos, de dónde le vino a Plantard eso de un «*Priorato de Sión*». Plantard, con sólo 17 nada frágiles años, estaba ávido por escuchar estas cosas, y, según diversas fuentes, Le Cour veía en su jovencísimo amigo el candidato ideal para acometer la empresa. Al parecer, éste le hizo caso por encima de todo lo imaginable. Y aquí ya no estamos en la *leyenda*, sino en los hechos.

En 1956 Plantard forma, con dos o tres personajes más, el Priorato de Sión, y hay quien sostiene que esto de «Sión», es la montaña homónima cerca de Annemasse, en el departamento de la Alta Saboya. Annemasse es la localidad donde Plantard firma y rubrica los estatutos de la Orden (ver en Anexo). Subtitula estos estatutos con el título C.I.R.C.U.I.T., quizás un boletín, pero expresamente las siglas de *Caballería de Institución y Reglas Católicas de Unión Independiente y Tradicionalista*.

Pese a sus evidentes errores doctrinales, el *Hiéron du Val d'Or* derrochaba altura de miras y caballería. Si ellos eran Camelot, los del Priorato eran una panda de bosquimanos.

Que Plantard vivía en Annemasse, lo prueba la carta de renuncia del Sr. André Bonhomme. Un suelto de periódico *Midi-Libre* que cayó en sus manos, revelaba que todo el asunto del Priorato no era más que un montaje de la fértil imaginación de Plantard en los años 60. Se dio por enterado y obró en consecuencia. Sin embargo, Bonhomme estuvo allí, con Plantard, cuando la fundación en 1956. Posteriormente confesó que el Priorato de Sión, en su fundación, nada tenía que ver con Rennes-le-Château, Bérenger Saunière, etc. La carta a la que nos referimos, dice:

André Bonhomme
7 de Agosto de 1973
Sub-Prefectura
de St. Julien-en-Genevois

Tengo el honor de informarle de mi dimisión como Presidente de la Asociación «Priorato de Sión», cuya sede estaba situada inicialmente en el domicilio del Sr. Plantard, «Sous Cassan», Annemasse. Y ello a partir de hoy.

Le agradezco por adelantado que proceda a las modificaciones de los estatutos que están en su posesión.[73]

---

73. J'ai l'honneur de porter à votre connaissance ma demission de President de l'Association «Prieuré de Sion», dont le siège initiallement était situé chez Mr. Plantard «Sous Cassan», Annemasse, et ce a compter de ce jour. Je vous remercie par avance de bien vouloir proceder aux modifications des statuts qui sont en votre posesión. Je vous prie d'agréer...

Importantísimas nos parecen algunas cofradías católicas que han sido verdaderamente secretas, desconocidas por el mundo, como *L'Estoile Internelle* y la *Fraternidad de los Caballeros del Paráclito*. Estos eran la rama activa de los primeros, que serían proporcionalmente más contemplativos. Sacan a la luz la posibilidad de un esoterismo cristiano, esto es, la cuestión de si cabe o no un cristianismo en el sentido *esotérico* del término, como cabe hablar de un esoterismo musulmán con los sufíes, o uno judío con la Cábala o la mística de los Palacios.

Antes de entrar en tales cofradías católicas y en sus contenidos, algo diremos sobre el *esoterismo* en sí mismo, ese cajón en el que metemos a la Orden del Temple, y en el que se meten sin tener entrada los socios del Priorato de Sión. Para entendernos.

Capítulo VIII
Esoterismo

 n el verso 208 de sus *Stromata*, Clemente de Alejandría (en el siglo Titus Flavius Clemens) cita el término *esoterismo* como aquello que debe permanecer secreto y es referido a los misterios que, al amparo agridulce de estoicos y epicúreos, estaban otra vez de moda entre los griegos como reacción a la Academia. Es el terreno abonado donde arraigaron en la diáspora los *misterios* cristianos, aunque su esencia no es *esotérica* (o eso creemos) en el sentido guenoniano del término.

Con el vocablo «esoterismo» no sería cuestión de conceptos, sino de contenidos. La imagen es la de la nuez y la pulpa, la del texto y el sentido. Uno de los mayores problemas para concebir una ortodoxia esotérica es el tema de la «iniciación» (si es o no indispensable) y el de las «vías» y «cadenas» iniciáticas, como correas de transmisión de una religión forzosamente encarnada.

El *esoterismo* correspondería a lo más interior de una religión, y el *exoterismo* representaría lo más exterior, las formas. Aquél, el *esoterismo*, pretende acercarse a las esencias, contra la prohibición bíblica que niega el acceso al Ser. Practicará una metafísica que se adentra en simas prohibidas ante las que Moisés tuvo que velarse el rostro. Por su parte Mahoma sólo llegó a la distancia de dos tiros de arco o algo menos.[74] Pero es un hecho que ahora que hay poca religión, superabundan los *esoteristas*. Así pretenden serlo los clientes de las sociedades y Prioratos que ahora frecuentamos.

El término *esoterismo* no deja de contener una verdad, sin la que no sería seductor. Pero no constituye ningún «fondo común», sino que se encarnará en cada tradición con denominadores y contenidos propios: Moisés se vela el rostro, y Mahoma queda a un alcance de dos tiros de arco o algo menos. La ascensión de ambos se frustra contra la distancia (el velo, el tiro de arco), porque la distancia no puede ser sino infinita.

Ambos aspectos, esotérico y exotérico, están representados en el Islam (que es la religión que mejor permite estudiarlos) por la *shari'ah*, la ley canónica islámica que el Corán articula y que obliga a todos; y la *haqiqáh* (de la raíz *haqq*, verdad), que es la objetividad religiosa en estado puro, lo «real» o verdad esencial que muy pocos alcanzan... Sólo que aquí están bajo la misma autoridad religiosa. La *haqiqáh* también es llamada *lubb*, pulpa, de donde el adagio sufí *«para alcanzar la pulpa necesitas romper la nuez»*. También en el cristianismo la ley no obliga al que ama, porque el amor del que ama rompe la ley. Lo que habría que tomar con pinzas. Todo ello signifi-

---

74. Cfr. Corán, Azora LIII.9, referente al viaje o ascensión nocturna. Massignon ve la relación con Gén. 21,16: en el desierto de Bershebá y por no verlo morir, Agar, llorando, se retira a la distancia de *un tiro de arco* del matorral (la zarza ardiente de Moisés) junto al que ha abandonado a su hijo Ismael, sediento. Y en su sed de Dios, Mahoma no quiere acercarse tanto como su antecesor fundacional...

ca que el esoterismo (lo interior) rompe en pedazos al exoterismo (lo exterior), al igual que la esencia rompe las formas, al no poder ser reducido a ellas... La cadena iniciática (*silsiláh*) concreta que porta y transmite el esoterismo islámico, corresponderá a una *tariqáh* o vía particular, que se remontará forzosamente hasta el mismo Profeta.

Se habla de los sufíes (o ascetas) como miembros de una determinada «vía». Conviene decir que los miembros de una *tariqáh* no lo son *ex officio*: con el término se designa una vocación personal y, quizás, un estado individual. En este sentido no hay que hacer mucho caso a los textos que suelen incluir abundantes referencias al esoterismo; son traducciones del árabe a las lenguas occidentales y, por tanto, con un trueque importante de mentalidad.

Se afirma, pues, la existencia de un esoterismo islámico que se desarrolla también por diversos cauces. Esta situación de hecho, ajeno a un cristianismo que ya no está en lucha en el seno de la cristiandad, puede despertar vocaciones. Habría calado entre los templarios como por ósmosis, desde el mismísimo comienzo de la Orden. Tampoco es para extrañar: la caballería cristiana se inspira, desde las Españas, en la caballería árabe y sus instituciones. Vemos, por ejemplo, que el simbolismo románico, en cuya época nos estamos moviendo, no está carente de simbología islámica, a veces de carácter duodecimán o escatológico. En fin, además del sufismo, hay, en el Islam, otros aspectos esotéricos, como las doctrinas interiores del shiísmo (para algunos el shiísmo en sí mismo), las gentes *malamatiyas* o de reprobación, las cofradías norteafricanas por vía de las doctrinas afganas (pese a desviaciones parsis), etc.

Abolido el sacrificio permanente en el año 70, en el judaísmo ya no hay una iniciación sacerdotal. Pero le caracteriza la existencia de una tradición oral (de arranque sinaítico) paralela a su canon escrito, cuya cadena de transmisión oral –de la *con*textualidad– nace con Moisés al pie del Sinaí. Tenemos pues la tradición oral, y su transmisión. En su seno se manifiesta su *esoterismo*. El terreno mejor abonado será el comentario hermenéutico de Génesis, Ezequiel o el Cantar de los Cantares. Será la base de su esoterismo –decimos– pero sólo dentro de las corrientes que lo admitan. En ésto, el rabinato no es un bloque sólido. También se manifiesta la *iniciación* de diversos modos, y no sería la menor la que propone el sefardí Isaac Abravanel (1437-1508), que tiene por Sabio a quien domine los tratados *Mo'ed* (Fiestas), *Nashím* (Mujeres) y *Nezikím* (Daños); por Rabino a quien, a los anteriores, añada *Kodashím* (Santificaciones); y por *Ga'on* (eminencia), quien además domine *Zera'in* (Semillas) y *Tahorot* (Purificaciones).

Con multitud de dificultades se afirma la existencia de un esoterismo judío muy discutido, considerado herético por gran parte del rabinato. Englobaría la Cábala, la mística de los Palacios, los movimientos hasídicos, etc. El más conocido es la Cábala, aunque, visto lo tardío de su manifestación,[75] y en tiempos en el que los cánones textuales (escritos y orales) estaban cerrados desde hace siglos, se piensa en influencias islámicas directas, empezando por las relativas a las estructuras del lenguaje y técnicas *ad hoc* (dichas precisa-

---

75. Habría mucho que discutir sobre el *Sefer Yetsiráh*, su primer exponente, que se remontaría a los siglos VIII a XI.

mente «cabalísticas»). Se suele ver en todo ello la apropiación mágica de los Nombres divinos, la utilización de escrituras y alfabetos angélicos, las «clavículas», etc., en un proceso puramente ocultista.

El *Dictionnaire Encyclopédique du Judaïsme*[76] consagra 18 columnas a esta ciencia metafísica enraizada en el texto bíblico (Génesis, Ezequiel, Cantar de los Cantares...), pero que también recurre a pitagorismos y neoplatonismos. Puesto que el único hecho religioso y la única realidad es el cumplimiento de la Ley, los movimientos cabalísticos, que continúan vivos en Israel y han ampliado la clientela de una enseñanza hasta ahora muy restringida, constituirán sólo una mística judía secundaria, subordinada a los métodos talmúdicos de la Guemaráh. Sabemos por otro lado que, históricamente, la hermenéutica iba a hombros de los *soferím* (o escribas), como guardianes cualificados y doblemente legitimados (pues precisaban dos investiduras) de la tradición oral de Israel. Según algunos, dicha tradición oral fue puesta por escrito a causa de su complejidad inextricable, y por cuanto fallaba la capacidad de retención de los repetidores. Según otros, «se escribe» la tradición oral, concluyéndose los trabajos antes del s. IV, como respuesta a la revelación neotestamentaria..., lo que algo querrá decir sobre esta última...

No podemos decir, por lo que se refiere al cristianismo, vista la tradición de las *disciplina arcanii,* que los exotéricos hayan sido los catecúmenos y los esotéricos los fieles; aque-

---

76. Publicado bajo la dirección de Geoffrey Wigoder, editor de la *Encyclopaedia Judaica.* Ed. Cerf/Robert Laffont, París 1993 y 1996.

llos los discípulos y éstos los cristianos.[77] Aunque –consúltese la Didascalia– el mismo Policarpo no osaba llamarse cristiano; e Ignacio de Antioquía, en su sobrecogedora carta a los romanos camino de la muerte, no aspiraba sino al título de discípulo.

También se afirma que los sacramentos cristianos no son iniciáticos, pese a que el bautismo, la confirmación y la eucaristía, son llamados los «sacramentos de la iniciación». Lo justifican precisando que la necesidad de una calificación exigiría, cuando menos, el pleno uso de razón... y el bautismo (del griego *photismós*, iluminación) se imparte a los recién nacidos, amén que aquellos tres sacramentos se otorgan universalmente en la total indistinción. La asamblea de creyentes (*ecclesia*) no es avara con sus dones.

El Espíritu de Dios sigue soplando sin permiso del esoterista y donde quiere. En Pentecostés descendió sobre la multitud, hombres, mujeres, niños y recién nacidos. No distinguió. Restaurando por medio de la glosolalia la unidad perdida de Babel, los galileos hablaron y transmitieron según el

---

77. Se acostumbra a señalar la diferencia auténtica entre ambos órdenes con algunos logias evangélicas que merecen ser meditadas. El evangelio distingue entre *vosotros* y *los de fuera*. El esoterista se frota las manos, ignorante de la recta exégesis: con *los de fuera* se apunta al judío y sobre todo al gentil, *id est* a los que no estén bautizados. El texto es el siguiente: *y les dice: a vosotros os ha sido dado el misterio del Reino de Elohím. Pero para* los de fuera *todo es en ejemplos. Para que, mirando, miren y no vean; y oyendo, oigan y no comprendan. A fin de que no hagan retorno; para que no les sea hecha remisión.* Otra versión evangélica de la misma perícopa es: *a vosotros os ha dado Dios el misterio del Reino, pero para* aquellos que están fuera *todo es enigmático; a fin de que vean y sin embargo no vean, oigan y sin embargo no comprendan, a no ser que se conviertan y Dios los perdone.*

Espíritu les concedió expresarse. Y comunicaron la insuflación que los desbordaba *a partos, medos y elamitas; a los habitantes de Mesopotamia, Judea, Capadocia, el Ponto, Asia, Frigia, Panfilia, Egipto, la parte de Libia fronteriza con Cirene, forasteros, romanos, judíos y prosélitos, cretenses y árabes*[78]...

A diferencia de los esoterismos de Israel y de Ismael, dentro del cristianismo parece que no cabe citar ningún movimiento esotérico.[79] No lo veíamos en el pasado con la orden templaria, extinguida por decreto de la autoridad eclesiástica en el año 1314; mucho menos todavía en la renacentista cábala cristiana que, con error, pretendía dar colofón a la judía con la figura del Cristo-Malkut como décima Sefiráh; tampoco en un sufismo cristiano (*sic*), ni con los *fideli d'amore* tan cercanos al Dante, o en los quietismos, iluminismos, paracletismos, hermetismos, teosofismos y rosicrucismos protestantes. ¿Qué queda?

Sin embargo, en su célebre *Bestiario de Cristo*,[80] en relación con el simbolismo crístico de la paloma, Louis Charbonneau-Lassay (1871-1946) comenta: «*Varias veces me he visto obligado, para ser sincero y menos incompleto, a aludir a esos grupos místicos y secretos de la edad media, poco conocidos, como por ejemplo la "Fede Santa", uno de cuyos jefes parece haber sido el Dante, que era una especie de orden tercera de filiación templaria. Entre estos movimientos hermé-*

---

78. Hechos 2, 9 y ss.

79. Véase Stefano Salzani y Pier Luigi Zoccatelli, *Hermétisme et emblématique du Christ dans la vie et dans l'oeuvre de Louis Charbonneau-Lassay (1871-1946)* Arche Edidit 1996. A quienes pertenece la investigación del grueso de los datos que, sobre *L'Estoile internelle*, damos luego.

80. *Le Bestiaire du Christ*, ed. Desclée de Brouwer, 1940 (pp. 489/490).

ticos, algunos estaban en perfecto acuerdo con la más estricta ortodoxia, aun siendo los detentores de secretos seculares extrañamente inquietantes. Es el caso de L'ESTOILE INTERNELLE, *que nunca ha contado con más de doce miembros. Todavía existe, y conserva los manuscritos originales del s. XV, de sus escritos constitutivos y de su doctrina mística»* etc.

Las fuentes para una comprensión de *L'Estoile Internelle* provienen con exclusividad, directa o indirectamente de una persona. No hay otra que sepamos. Parece haber obrado el dicterio de Simeón ben Iochai al comienzo de su teogonía, el *Sifra Dzeniutah:* «*desgraciado si revelo los grandes misterios; desgraciado si los dejo caer en el olvido... El mundo entero está fundado sobre el misterio»...*

Esa persona es Louis Charbonneau-Lassay.

Ya hemos visto antes cómo –hablando del simbolismo de la paloma, esto es, del Espíritu Paráclito– se refiere a esa sociedad iniciática en su obra mayor *Le bestiaire du Christ*. A la misma hermética sociedad se refiere también el mismo Charbonneau en unos pocos artículos suyos publicados en *Le Rayonnement Intellectuel*, revista publicada en Loudun, cerca de Poitiers, donde aquel había nacido el 18 de enero 1871.[81]

Informa que *l'Estoile* nunca ha contado con más de doce miembros y que todavía existe. Estos doce se reclutan por cooptación, es decir, no hay candidatura posible. Cada miembro elige un sucesor para ocupar su lugar en el momento de su muerte. En una carta a René Nelli de 19 de sep-

---

81. Las armas de su familia también las traía flordelisadas. Eran «*semé de fleurs de lys d'or fixé généralement à 10 ou 11 fleurs et l'entourèrent de la devise: "Pro fide scuta et Rege Lilia"*».

tiembre de 1946, especifica: «L'Estoile Internelle *sigue existiendo. La cito en numerosos capítulos de mi trabajo* Le Bestiaire du Christ *(...). Absolutamente católico ortodoxo, este grupo es estrictamente secreto, y sus miembros totalmente inabordables. Sólo para favorecer mis investigaciones conducentes al* Bestiario *de Cristo, el penúltimo* "Major" *de l'Estoile Internelle obtuvo, de sus once cofrades, la autorización en mi favor para revelarme la existencia de este grupo y publicar numerosos documentos (...) que figuraban en un cuaderno manuscrito de finales del XV o de comienzos del XVI...»*[82]

Esa fuente y ese "Major" era el Sr. Théophile Barbot,[83] canónigo de la Catedral de Poitiers. En 1925, se entera del trabajo que Charbonneau-Lassay iba a acometer por consejo de S.E. el Cardenal Dubois, Arzobispo de París, sobre la emblemática de Jesucristo (*«un tema de su competencia y muy digno de él»*). Contactó con Charbonneau, y puso a su disposición los archivos de la sociedad hermética que entonces ya encabezaba. Su información es, por tanto, segura y de primera mano. El canónigo falle-

---

82. *Ver op. cit.* de Zalzani y Zoccatelli, p. 62. En una carta a René Nelli de 1946, dice que «ce groupement, absolument catholique orthodoxe, est strictement secret, et ses membres totalement inabordables. C'est pour favoriser mes recherches en vue du *Bestiaire du Christ* que l'avant-dernier "Major" de l'*Estoile Internelle* a obtenu de ses onze confrères l'autorisation pour moi de révéler l'existence de ce groupe et de publier de nombreux documents figurés sur un cahier manuscrit de la fin du XVe s. ou du début du XVIe qui est en leur posesión».

83. Hemos encontrado la firma del canónigo T. Barbot en la revista *Le Rayonnement Intellectuel*, de Jul-Sept. 1938. En su sumario encontramos las rúbricas del P. Anizan (director de la revista), Jean d'Ayguette, L. Charbonneau-Lassay (*Les pressoirs mystiques*), H. de Julliot, Hélène Borgé y "Ch. Barbot" bajo el título *Pensées d'un solitaire*. Es un artículo o suelto de una sola página, liso y moralizante; flojo. Simplemente deja constancia de su firma, y quizá no se quiera otra cosa.

ció el 24 de marzo de 1927, no revelando Charbonneau la existencia de la cofradía sino unos años más tarde de su muerte.

Contemporáneamente a l'*Estoile Internelle* (cuyo carácter ya decimos que era intelectual y ascético), por tanto todavía en la baja Edad Media, existía otra sociedad secreta de tipo caballeresco. La una y la otra unieron más tarde sus destinos, al mismo tiempo que reducían el número de miembros al mínimo necesario para asegurar su continuidad y su transmisión, sin ningún hiato. La segunda era la *Fraternidad de Caballeros del Divino Paráclito*. Ocurre que, en 1668, el caballero-Maestre de la Fraternidad del Paráclito era uno de los 12 miembros de l'*Estoile Internelle*. Se decidió que la Fraternidad entrara en letargo, y sus archivos confiados a l'Estoile. Varios de sus miembros recibirían la investidura de la Caballería del Paráclito, para que ésta pudiera «despertarse» cuando se viera conveniente.[84]

Al parecer, el canónigo Barbot propuso a Charbonneau tomar las riendas de los Caballeros de divino Paráclito, sacarlos de su letargo y activarlos para los malos tiempos que corren. Un Plantard, seguramente un Le Cour y tantos y tantos, no habrían dudado un segundo. Jamás habrían imaginado tales caricias para el insaciable ego. Sin embargo, Charbonneau declinó, falto de la sanción expresa de la autoridad eclesiástica, que sólo puede garantizar una fecundidad espiritual.

---

84. Para más información conviene consultar, y con mucho provecho, la obra citada, pues no queremos y –seguramente– no debemos tomarles nada más a préstamo.

Los trabajos de Charbonneau (y eminentemente su «Bestiario») están teñidos de los fondos iconográficos de *L'Estoile Internelle*, cuyo emblema es una copa que guarda en su interior una piedra, coágulo o quizás carbunclo, cáliz con su sangre y Santo Grial.

No debe ser vista esa «Estrella interna» en un sentido tántrico ni onanista, es decir, no es el resultado de una alquimia interior de la mano izquierda, como al parecer se ha insinuado tan ridículamente, porque cree el ladrón que todos son de su condición. Ni siquiera es una de las estrellas ideales que, camino de su posada en la Osa Mayor, contemplaba Rimbaud en su larga *bohème*. Líricamente decía que *mes étoiles au ciel avaient un doux frou-frou*.

Esta estrella perseguida por tan doctos clérigos, es el Espíritu Santo que los inhabita.

14ᵐᵉ Année Nᵒˢ 7-8-9   Juillet-Septembre 1938

LE RAYONNEMENT
INTELLECTVEL

REVUE BIMESTRIELLE

SOMMAIRE

Administration et Rédaction :
Logis du Quartier, Route de Poitiers, LOUDUN (Vienne)

Portada de la revista *Le rayonnement intellectuel*. Julio-Septiembre
1938, 14° año, n°s 7, 8 y 9. En dicho sumario aparece Ch. Barbot,
autor del artículo *Pensées d'un solitaire*.

Capítulo IX
Claves

Aparentemente anodinos, los Estatutos del Priorato nacen necesariamente al amparo de la socorrida ley francesa de 1901,[85] que es la que regula las asociaciones con la fórmula jurídica menos rígida posible. El Priorato, de este modo, va a surgir a la luz con seguridad jurídica. Va a nacer. Entra en la legalidad republicana. Queda a salvo de posibles reacciones importunas de la Administración, prefectura de Policía, Prefectura del Departamento, Sub-Prefectura, etc., que podrían incordiar de no ser así y no estar en el registro de asociaciones. Es claramente explícito el Art. XIX de los Estatutos del Priorato: fija la obligación de cumplir con las declaraciones, registros y formalidades previstas por la ley 1901 para aprobar cualquier asociación, y que ésta sea legal.

---

85. Se trata de la *Loi relative au contrat d'association.* El Artículo 1º del Título I reza: «*L'association est la convention par laquelle deux ou plusieurs personnes mettent en commun, d'une façon permanente, leurs connaissances ou leur activité dans un but autre que de partager des bénéfices. Elle est régie, quant à sa validité, par les principes généraux du droit applicables aux contrats et obligations*».

Obligados a ponerse al amparo de la Ley y, por tanto, emergiendo en el dominio público y a la libre disposición de quien quiera consultarlos en los registros civiles, estos Estatutos, en el maremágnum de las disposiciones usuales (casi comunes a la mayoría de los reglamentos de este tipo), estarán plagados de restricciones mentales. Nos vamos a fijar en las tres principales.

Del lado del poder civil vemos referencias implícitas a la monarquía: su insignia muestra en abismo una flor de lis, que además es de color blanco. Sin duda es un simple error de aficionado –debiera ser de oro– pero nada es inútil. En ello es igual al guión de la casa de Francia, pues la bandera de los Borbones, es blanca, y a partir de la Restauración con un Sagrado Corazón en abismo. Las armas tradicionales, tras el bautismo de Clodoveo, fueron de campo de azur sembrado de flores de lis de oro.[86] Sólo más tarde Charles V, en honor y para representar a las tres Personas de la Santa Trinidad, fijó definitivamente en tres el número de estas flores, que antes eran –decimos– numerosas y en sembrado. El emblema de la flor de lis simboliza el crismón, monograma del nombre de Cristo, y signo de la victoria grabado en el *labarum* imperial de Constantino. Cada una de las tres hojas que lo componen, significan: sabiduría, fe (la central) y caballería. Quedó el escudo de campo de azur a tres flores de lis de oro dispuestas dos y una. En el momento de la Restauración se preten-

---

86. «*Champ d'azur semé tout de fleurs de liz d'or*». Éstas, sustituyeron a los tres crecientes, o acaso batracios, que figuraban en las armas de Clodoveo I en el momento de su bautismo en Reims.

dió proscribir la tricolor e imponer la bandera blanca de los Borbones y las armas tradicionales. Sin éxito, como comprobamos en cada ayuntamiento francés.

Los Estatutos se refieren al carácter caballeresco (*l'ancienne chevalerie* –dice) y tradicionalista que ha de imbuir al espíritu del Priorato. Figuran obligaciones similares o iguales a las de la caballería literaria y mítica, irreal, que nos parece la más universal, pero cuya sotobase no puede dejar de ser la realmente existente en alta época, con la ambición de defender a las viudas, ayudar al necesitado, adoptar al huérfano, etc. Es indispensable a este efecto valorar los ideales del caballero Don Quijote de la Mancha. Caballería que, históricamente hablando, desaparece pronto, en su pura esencia, tras la muerte del Temple... sin que verdaderamente haya que echarla de menos. Soberbios señores los caballeros de las órdenes militares, y más que nadie los templarios, cuyo poder sagrado iba pegado a los talones del sacerdote, con el derecho de entrar completamente armado en las iglesias. Y el *templista* custodio del San Graal, se arrogaba el poder de matar dentro de la iglesia a cualquiera que interrumpiera el servicio divino.

Tiempos bárbaros...

Sin embargo Nicolás Berdiaeff[87] nos predicaba una nueva Edad Media: «sabemos muy bien cuáles eran los aspectos negativos y aun tenebrosos de la Edad Media: la barbarie, la grosería, la crueldad, la violencia, la servidumbre, la ignorancia en el terreno de los conocimientos positivos de la naturaleza, un terror religioso en proporción del horror a

---

87. cfr *Una nueva Edad Media.* Editorial Apolo, Barcelona, 1938, p.78 ss

los sufrimientos infernales. Pero sabemos también que los tiempos medievales fueron eminentemente religiosos; que iban arrastrados por la nostalgia del cielo; que ésta convertía a los pueblos en como poseídos por una nostalgia sagrada. Sabemos que la cultura de la Edad Media estaba dirigida hacia lo trascendental y el Más Allá, debiendo a una alta tensión del espíritu –tensión cuyo equivalente ignora la historia moderna– su orientación hacia la escolástica y la mística, a las cuales pedía la solución de los problemas supremos del ser. Los tiempos medievales no prodigaban su energía en lo exterior, sino que preferían concentrarla en lo interno: ellos forjaron la personalidad bajo el aspecto del monje y del caballero; en esos tiempos bárbaros florecía el culto a la Dama, y los trovadores entonaban su canto. Quiera Dios que reaparezcan estos rasgos en la nueva Edad Media».

Nada prosperará en nuestra cultura y en nuestro tiempo si no tiene en cuenta, como factor privilegiado, la naturaleza religiosa de la persona. Y si hay algún *priorato* que quiera prosperar, no le hará ascos al párrafo segundo del Artículo X de los Estatutos del Priorato de Sión: «*La excomunión eclesiástica por la causa que fuere, que afecte a una persona o una secta a la que dicha persona esté afiliada, supone para ella la "INTERDICCIÓN de ADMISIÓN", y del mismo modo cualquier miembro excomulgado estará excluido de la Asociación de modo definitivo*». Claro está, los Estatutos son de 1956. Hoy no lo hubieran dicho.

Si no del Temple, sí en confusión con ellos es el vaso colocado sobre una mesa redonda a cuyo al rededor, habiéndose establecido una milicia de honor, se reunían los 24 caballeros que estaban de guardia: los TEMPLISTAS guardianes de ese vaso, grial, graal, grazal o grasale, y en latín *gradalis*, con origen incierto. F. Diez propone el latín *crater*, y de modo derivado *cratale* o *cratiale*: crátera, vaso, urna.

Según la tradición del Grial, José de Arimatea habría recogido en una copa –que se llevó luego a Cesarea– la sangre que corría de la llaga abierta por la lanzada en el costado de Jesús. Esta copa era la que el mismo Jesús había empleado en la institución de la Cena, cuando, en el Cenáculo, celebraba la Pascua judía con sus discípulos. Esotéricamente hablando –*dixit* F.G. Tiberghien[88]– es José de Arimatea, y no San Pedro, el que ha celebrado la primera Misa, pues, habiendo tomado el cuerpo de Cristo y, con Nicodemo, cubierto de un blanco sudario, lo llevó a su propio sepulcro, que después cerró haciendo rodar la piedra.

El vaso donde el cuerpo de Jesús es consagrado significa su sepultura, la patena que se coloca encima es su cubierta, y el paño que se coloca sobre el cáliz (los *corporales*), son el sudario.

A su vez es el célebre vaso de la medievalidad que, de acuerdo con un libro árabe encontrado en Toledo y redactado por el astrólogo Flagetanis, ingrávido en la atmósfera fue traído por los ángeles. La leyenda, que inspiró a Wagner, lo hace aterrizar en un castillo del Norte de España, situado en una alta montaña llamada, en catalán, Mont-Salvatge. Ocurriría en 1244. En 1328 fue transportada al Monasterio de San Juan de la Peña (como así consta), y más tarde, en 1428, el rey de Aragón Alfonso V lo llevó a la catedral de Valencia. Y allí sigue.

---

88. F.G. Tiberghien, *Recherches sur le Saint-Graal.*

Que lo sienten menos. Según otra versión mucho más increíble, del s. XII, el Graal sería el esotérico *Lapis exiliis* (hay otras grafías) caído de la frente de Lucifer. En este relato, igualmente, habría sido traída del cielo por los ángeles, y confiada a Titurel, el nieto de un príncipe oriental que se encontraría por las Galias. Titurel se lo confió a Amfortas que, herido, fue salvado por Perceval, el caballero de corazón puro, cuya acción se desarrolla en Montségur (otra montaña del Grial), pasando más tarde a manos de Lohengrín, el Caballero del Cisne. Encontraremos por fin al rey Arturo y la Orden que éste crea de 24 caballeros, con el siguiente objetivo: proteger a los débiles, la mutua defensa de los enemigos, guardar la fe jurada, afrontar los peligros, salvaguardar el honor, cumplir los deberes religiosos y practicar la hospitalidad. No es mal programa, aunque a nosotros del s. XXI nos queda muy lejos; inalcanzable.[89]

Para otros, estas leyendas nos remontarían a la *Tradición primordial* y a los *Inmortales*. Siempre nos ha parecido, con estos enunciados, que quizá nos encontramos ante significados verdaderos de proposiciones falsas. Pero ya hemos hablado de estos puntos algo más arriba.

Hay más leyendas. Para iniciarse en los misterios del mundo, el adepto Hércules viaja hasta las Columnas de Hércules, una de las cuales estaba en Calpe (precisamente Valencia) y la otra en Gibraltar. Quería visitar a los «bueyes» (sacerdotes) de los íberos, que son quienes le ofrecen la *Copa de oro*, de su iniciación. Es nuestra famosa copa...

---

89. Tiberghien, *ut supra*.

Salvo quizás esto último, el lector tiene toda esta literatura medieval al alcance de la mano.

José de Arimatea fue el que levantó el cadáver de Jesús con permiso de Pilatos y, junto con Nicodemo, lo envolvieron en un lienzo embalsamado con mirra y otros aromas. Lo llevaron al sepulcro nuevo de José de Arimatea. Hasta aquí, véase Juan 19, 38 ss. Ya hemos dicho en algún momento anterior que, para el Marqués de la Franquerie y sus complejas y abstrusas genealogías, la prima carnal de la Virgen, Ana, era hija de José de Arimatea, en cuyo linaje (en el de esta Ana) los reyes de Francia. De donde los reyes merovingios; de donde el rey perdido; de donde los Condes de Rhédae; de donde los Hautpoul; de donde Plantard, de donde el Priorato de Sión. Del Graal al Priorato. Hemos dicho que no hay ni la sombra de la sombra de una prueba, y ni tan siquiera existen fábulas, activas o pasivas, sobre esta filiación merovingoplantardiana, que data del pasado siglo.

Para un judío respetuoso con nuestra tradición (cuyo nombre no recuerdo ahora) el de *ari-matea* deriva directamente de la expresión hebrea, casi homofónica, de «'aharei mawet» (*después de la muerte*) que se aplica evangélicamente al personaje, pues, efectivamente, José de Arimatea aparece en el Evangelio tras la muerte del Señor...

En cuanto al simbolismo de la copa, vastísimo, nada decimos, pues nos parece que no acabaríamos nunca. Además, sí sabemos dónde se encuentra el Graal. Cada iglesia tiene uno. Y sabemos por qué venas (aun no siendo merovingias) circula la sangre de Cristo, pues cada vez que tomamos el Cuerpo de Cristo y bebemos su Sangre, anunciamos su muerte hasta que vuelva.

No olvidemos que en los sacrificios religiosos de la antigua Alianza la copa contiene la sangre de la víctima, y la sangre es el soporte del espíritu. Hay que apropiarse de su sangre, ligársela a sí, sangre liar, *sang-lier, sanglier*, jabalí... Y éste, como ya hemos visto, es el animal totémico de los merovingios...

Los grados del Priorato son de un carácter caballeresco: se cuentan los de cruzado, esforzado (*preux*), escudero, caballero, comendador, etc. (ver Art. XII de los Estatutos). También prevé la regla que cada uno debe proveer para su acceso al 1° grado, de una «VESTIDURA BLANCA» de tejido de lino, apuntando así directamente a los *albos mantos* de los Caballeros del Temple, que encontramos del otro lado de las puertas del paraíso de Dante.[90] Quien, así mismo, habla luego –canto XXXI– de la *MILIZIA SANTA*: «*bajo forma de una rosa de pura blancura / se ofrecía ante mis ojos esa santa Milicia*»... Con esos pétalos de rosa se refiere también al hábito blanco de la Orden, *santa caballería* de caballeros errantes, salvajes, campeones todos ellos de la rosa mística. Son los templarios velando al Grial, o acaso velando a su tesoro, o a su ídolo «Baphomet». Hubo tesoro, y todavía hay quien lo busca o quien dice que lo conoce. En el nombre *baphomet* se ha leído el de *mahomet* o Mahoma. Otros no ven sino el «bautismo» o «iluminación» (*photismòs*) de ciencia (*methê*); otras más extravagantes o acaso humorísticos, pretendiendo sin duda a la unión cristiano / musulmana, osan leer: *bap* = bautismo (cristiandad), y *homet* = mahomet (Islam), y coincide también con la palabra latina *Bapheus*. Extraordinario...

---

90. « ... Mira / quanto è l' convento de la BIANCHE STOLE / vedi nostra città quant' ella gira», etc. Dante. *Divina Commedia*, Paradiso, XXX, 128 ss.

Del lado del poder religioso se habla de la regla católica; de la constitución de una Orden católica, etc. No se trata del carácter *católico* o universal, sino del catolicismo. Contempla los efectos fulminantes que van a caer sobre la cabeza de quien se vea protagonista de una posible excomunión eclesiástica, o por pertenencia a sectas que hayan sido excomulgadas. Más claramente todavía, el Art. VI dice que la asociación está abierta a todos los «católicos» de más de 21 años, etc. Nos parece bien, pero tampoco estará de más conocer el alcance de esta manifestación.

«Abierto a todos los católicos» no es una expresión inocente. Lo que verdaderamente dice es que está totalmente *cerrada* a musulmanes... lo que en el peor de los casos cabría, sería posible, pues por medio de la caballería del Temple, Oriente iba a acomodarse con Occidente, al igual que mucho antes Oriente se había acomodado con España, cuando llamaba la cristiandad a las puertas de Córdoba para refinarse. Lo que verdaderamente se predica ahora, sin grandes disimulos, es la exclusión de los judíos, esa ralea... Pero estamos en 1956, y ya entonces era imposible expresar determinadas cosas. Lo prohibían 6 millones de judíos y unos eficacísimos hornos crematorios. ¿Cómo lo sabemos?

El autor de estos Estatutos es Pierre Plantard de Saint Clair, antiguo maestre de la Orden de los Alpha-Galates, cuyos estatutos él mismo firmó y rubricó en su calidad de Gobernador-General de la Orden, bajo el pseudónimo de Pierre de France. En 1937 todavía no se habían encendido los hornos que fueron crematorios, faltando todavía unos cuantos años para el holocausto. El Artículo séptimo de los Estatutos de los Alpha-Galates,[91] de la propia mano de Pierre Plantard, alias *France*, dice : «*La Orden está rigurosamente cerrada a los judíos y a cualquier miembro reconocido como perteneciente al orden judeo-masónico*». Francia estaba entonces llena de intelectuales y políticos, y de asociaciones y medios de prensa que pensaban como él...

Seamos cuidadosos. El contubernio judeo-masónico que parecen denunciar, es de manos de criptomasones. Podríamos verlo en sus rituales. Es otro tema.

Hay un tercer aspecto interesante que nos saltó a la vista desde la primera vez que tuvimos acceso a los Estatutos.[92] Vemos unas cuantas cifras, cada una un *numerus clausus* para una determinada clase: 6.561 novicios, 2.187 cruzados, 729 esforzados,[93] 243 escuderos, 81 caballeros, 27 comendadores, 9 condestables, 3 senescales y 1 Nauta [94] (el Gran Maestre). En total 9 grados. Se reparten en 1 Arca, 27 Encomiendas y 729 Provincias, que contabilizan la suma de todos los miembros. La cuenta es de 3 senescales x 3 = 9 condestables; 9 condestables x 3 = 27 Comendadores, y desde aquí se va multiplicando por 3 el múltiplo de 9 de la operación anterior, hasta alcanzar esos 6.561 novicios múltiplos de 9. De igual modo, 1 Arca, 27 Encomiendas (3 x 9) y 729 Provincias (9 x 9 x 9).

Cabrán los malabarismos que se quieran con estos datos nada azarosos, en los que el 9 está omnipresen-

---

91. Ver en Anexo 1, p. 57 ss.

92. Ver *in extenso* los Estatutos del Priorato de Sión en Anexo 2, p. 151 ss.

93. O «valientes» (*preux* en francés)

94. *Nautonier* en francés, en principio propio del lenguaje enfático o poético.

te.[95] Es el 9 y no el 7. Siete es el número de los días de la creación y el de los de las semanas. Debemos perdonar hasta 7 veces 7, y el gran jubileo es tras 7 x 7 años.

Está claro. El número 7 es perfectamente judío, y ya nos hemos aclarado antes. Jesucristo resucita en el primer día de la semana, que es el octavo día, el domingo resurrector. El 7 es un número judeocristiano, y por tanto propio de la Iglesia de Pedro. ¿Qué será entonces el número 9? Es el número de los dioses heliopolitanos; las 9 barras de la escala de la gnosis que corresponden a la Eneada de Plotino, según el cual ésta sería el modelo de todas las cosas; y es lo griego especulativo contrapuesto al fideísmo semita. Será el de la Iglesia de Juan, y ya sabemos que los templarios, los del Priorato, la francmasonería (cuando valían algo) y el resto de sociedades secretas occidentales, serán joanitas. San Juan es contemplado por todos los masones como su patrón, a causa de sus escritos místicos y esotéricos: el 4° Evangelio y el Apocalipsis. Los estatutos de los Alpha-Galates están suscritos en la festividad de San Juan de Invierno. Y todos predican la eneada sagrada; el «9». Así, las cifras que se exhiben en los Estatutos del Priorato nos vienen confesando a las claras su condición joanita. En el fondo, ¿qué significa? Que pretendiéndose católicos, esotéricos y muy de derechas, navegan a toda vela al margen de la barca de Pedro. Las cuentas claras.

---

95. Igualmente el número 13 parece jugar un papel importante en las órdenes militares, pues por *trecenazgo* de profesos se elegía al Gran Maestre de la Orden de Santiago; 13 electores designaban al Gran Maestre del Temple, e igual ocurría en la Orden de Nª Sra de los Teutónicos.

"PRIEURE DE SION"

Chevalerie d'Institution & Règle Catholique & d'Union Indépendante Traditio

STATUTS

Association Régie par la Loi du 1er Juillet 1

et Décret du 16 Août 1901

- - - - - -

ARTICLE PREMIER — Il est formé entre les souss
sents Statuts et les personnes qui y adhérer
ront les conditions ci-après, une associatio
gie par la Loi du 1er Juillet 1901 et le Déc
1901.

ARTICLE II —   L'Association prend pour dén

PRIEURE DE SION

Sous Titre :   C.I.R.C.U.I.T.

(Chevalerie d'Institution et Règle Catholique
Indépendante Traditionaliste).

Son insigne se compose : Un Lys blanc enlacé
cuit, dénom "CROIX du SUD".
Son emblème : Un Coq Blanc.

ARTICLE III

          L'Association a pour objet :
a) — La constitution d'un Ordre Catholique,
tituer sous une forme moderne, en lui conser
ière traditionaliste, l'antique chevalerie q
metrice per son action, d'un idéal hautement
et l'élément d'une amélioration constante de
vie de la personnalité humaine.
b) — A cet effet l'Association, par une coup
de ses membres portera aide et protection ta
matérielle à tous ceux qui se trouvent dans
cessité, particulièrement les vieillards, le
etc...
c) — A l'aide de ses membres elle réalisera
Montagne de Sion (Hte-Savoie) un PRIEURE, qu
centre d'études, de méditation, de repos et d
          Dans un objet de propagande, l'Associat
un bulletin périodique, sous le nom de CIRCU
des sujets énoncés au paragraphe précédent.

ARTICLE IV

          La durée de l'Association es

Reproducción de la Constitución de 1956 del Priorato de Sión.
Fuente: http://www.stenay.org/descendants/
stenay-descendantsmero-prieuresion.htm

Las sociedades secretas

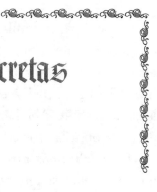

o nos queda sino una breve conclusión.

Nos gustaría volver a la introducción con la que empezamos este trabajo, en lo que ya nos parece casi un lejano pasado. Hablábamos entonces del secreto, de su debilidad, y hemos frecuentado a lo largo de las páginas a gentes del secreto. En general no podemos salir sino decepcionados, pues pretenden el secreto sin guardarlo. La vanidad les mueve.

Hemos visto algunos para quienes el secreto no es esencial, aun siendo una discreción máxima algo básico e innato.

Hay intereses que se anuncian en círculos concéntricos, cuya periferia crece o decrece según las ayudas competentes que se hayan conseguido. Inmediatamente entran, por un tiempo, en el silencio y en la oscuridad que necesita toda gestación. Su voluntad es salir a la palestra cuando el fruto, o los tiempos, estén maduros. Es el caso del barón de Sarachaga y de su obra. Sin embargo su entusiasmo y entrega le valieron al barón más de una mala jugada.

Hay más. Hay cofradías verdaderamente secretas de las que, por tanto, no sabemos nada. Ni su constitución, ni su origen, ni sus medios, ni su propósito. Unas ejercen una labor apotropaica, similar a la de los abdal en el Islam; esto es, labor de intercesión, substitutoria y reparadora, semejante al carisma que caracteriza a algunas congregaciones católicas.[96] La figura podría ser la de los diez justos que faltaron a nuestro Padre Abrahán, con los que habría salvado de la destrucción a las sociedades uránicas de Sodoma y Gomorra. Diez columnas nos sostienen: diez justos desconocidos que entre ellos se ignoran, y cada uno no lo sabe.

Si es así –como es– necesitamos que existan, pero para nada el conocerlos.

Esta labor de salvación ahora oculta pero pública, pública pero oculta, es también la propia de las órdenes contemplativas de nuestra geografía. Entre ellos se practica una profunda gnosis, a la que no es ajena la liturgia ni el canto. La sociedad no los conoce. Ellos a veces tampoco, el secreto siéndolo también para los mismos que lo detentan. Están en decadencia numérica... lo que es grave, pues su trabajo sigue con ese carácter apotropaico, carácter al margen, substitutorio de cada uno, redentor.

De este modo obran a nuestro favor determinadas cofradías, a las que a algunas ponemos nombre y a otras no. Otras sociedades van en contra nuestra. Estamos entrelazados. El mal también nos enlaza.

Hay comunidades verdaderamente secretas porque han sabido serlo: poseen sus propios fondos y persiguen sus particulares fines. Estos se ven cumplidos, generación tras gene-

---

96. Louis Massignon ha desarrollado muy bien este tema. Hay alguna traducción al castellano en Trotta.

ración, en lo íntimo de su propio círculo. Pero los tiempos no son estables, y se diría que nos precipitamos hacia un resultado ignoto. Lo cierto –todos lo sentimos– es que los acontecimientos se precipitan, y agolpan y se aprietan los unos sobre los otros. Se diría la súbita pared de toros en el encierro de Pamplona, unos montados sobre otros, queriendo sin cejar cruzar simultáneamente el portalón que los lleva al coso. Lo mismo con los tiempos, cuya nota es la sucesión. Acuden cada vez más rápidos como si, de pronto, pudiéramos apercibirlos simultáneamente. La simultaneidad caracteriza al espacio. El tiempo convertido en espacio.

Estas cofradías que no salen de su propio ser, pueden emerger un instante por urgencia de los tiempos, y quizás a favor de una sola persona. ¿No vale un hombre por toda la humanidad? Es el caso de *L'Estoile Internelle*, de la que hemos hablado.

Y luego, una sociedad como la del Priorato de Sión. Obsérvenla. Celebra una composición de máscaras y disfraces. Y notarán que ahora hablamos de otra cosa: no de lo alto, sino de lo bajo. Acaso de lo muy bajo.

Sin embargo, sabe el lector que este asunto del Priorato, y los conexos, atraen un interés apasionado; un interés morboso. Por un lado es la proclividad de muchos hacia una complicidad distinguida. Es otra cosa: *panem et circenses*, y nada o poco más. Sin duda el lector desarmado aprecia sin saberlo, en el Priorato, la llamada de otra urgencia interior, y que capta mal. Y a veces el conocimiento de lo bajo puede elevarnos.

Para todos es aconsejable no dejarse mover por la opinión ni por el papanatismo. Lo importante, es inmediato. Quizás es necesario el mérito, además del don, para saberlo y conseguirlo.

El señor que decía llamarse Pierre Plantard de Saint-Clair conoció un destino excepcional y vivió la vida que quiso. Diremos por tercera vez que vivió su mundo. Posiblemente no fuera la mejor de las ideas: somos responsables de los demás. Al margen del deseo de ética, de perseguir una estrella o de una luz conductora, prefirió otros resplandores. Con 17 años había cumplido lo que otros no alcanzan en una vida. Pero no valía la pena. Porque SER, es ser otra cosa.

Queríamos destacar todo esto.

Anexo I
Estatutos
de los Alpha-Galates

ESTATUTO DE LOS ALPHA-GALATES
Un gran Orden de Caballería
27 de Diciembre de 1937
(Sometido a la aprobación de la Prefectura de Policía)

ARTÍCULO PRIMERO

Por la presente queda constituida por los adherentes a los presentes estatutos una «Gran Orden de Caballería» bajo el nombre ALPHA GALATES.

Su Sede central, conocida como el Arca Central, está situada en París (17° distrito), calle Lebouteux, 10. Sin embargo, por decisión del Gobernador-General, esta Sede puede ser trasladada a cualquier otro lugar.

Pueden crearse Arcas en las Provincias.

La Orden ha sido fundada por un tiempo ilimitado.

ARTÍCULO SEGUNDO

El propósito de la Orden es la unidad de sus miembros en mutua y nacional ayuda, perfeccionar sus conocimientos, estimular sus aspiraciones en una dirección estética, e inculcar el ideal caballeresco con la voluntad de conformarse con los requerimientos del honor y servir en nombre de la Patria.

Como consecuencia la Orden incitará:
1. Los círculos de estudio y conferencias.
2. Las reuniones recreativas, cinematográficas y musicales.

3. Los encuentros consagrados a la educación física, gimnasia y deporte.
4. Instituciones como campamentos, casas de reposo y dispensarios, con el propósito de promover la salud de sus miembros.
5. Obras de caridad como visitas a los enfermos, ayuda a los necesitados, adopción de niños abandonados o huérfanos.
6. La creación de un Secretariado Popular.

Artículo Tercero

Para poder acceder a miembro de la Orden hará falta:
1. Tener cumplidos los 18 años.
2. Aceptar los presentes Estatutos.
3. Ser presentado por dos miembros de la Orden.
4. Completar un formulario.
5. Proveer un certificado de empadronamiento y tres fotografías de Identidad.
6. Verse aprobado por el Gobernador General.
7. Pagar una suscripción anual variable de acuerdo con la generosidad de la persona concernida, pero con un mínimo de 50 francos.
8. Cuando entran en la Orden, los miembros pueden elegir entre estas dos categorías:

a) «la Legión», a la que se confía el mantenimiento de la seguridad de la Orden, buscando sus intereses y realizando sus aspiraciones

b) «la Falange» a quien se confía la tarea de preservar el caudal de conocimientos adquiridos, consagrándose uno mismo a investigaciones filosóficas y a instruir a los futuros caballeros de la Orden.

Artículo Cuarto

La Orden se constituye en tres subdivisiones:
1. El Templo
2. La Ciudad
3. Las Arcas

A. – La misión del Templo es la de recompensar a los caballeros que han seguido fielmente el camino de la Orden, pudiendo capacitar a un simple miembro del Arca para llegar a ser un alto dignatario del Templo.

B. – El Templo se compone de nueve grados, denominados:

1.	Hermano	F	Naranja
2.	Respetable Hermano	R.F.	Rojo
3.	Muy Reverendo Hermano	T.R.F.	Violeta
4.	Muy Honorable Hermano	T.H.F.	Verde
5.	Muy Venerable Hermano	T.V.F.	Índigo
6.	Muy Ilustre Hermano	T.I.F.	Amarillo
7.	Su Excelencia Druídica	S.E.D.	Azul
8.	Su Alteza Druídica	S.A.D.	Blanco
9.	Su Majestad Druídica	S.M.D.	Oro

Su Druídica Majestad no tiene necesariamente el cargo de Gobernador-General. Su título implica un alto grado de dignidad, y no un cargo.

C. –La misión de la Ciudad es enseñar a los miembros las doctrinas de la Orden, inculcándoles los principios de su cometido, cuya actividad puede resumirse en dos aspectos: Conocimiento del ideal, y Amor por este ideal.

D. –Hay tres grados: Neófitos, Discípulos y Apóstoles.

E. – La misión de las Arcas es cumplir dentro de la Orden la tarea de asistencia mutua y de propagar su doctrina. Cada Arca es dirigida por un Gobernador y seis Comendadores, a saber: un Secretario General, un Tesorero, un Secretario de Propaganda, un Secretario de Prensa, un Secretario de Seguridad y un Secretario de Disciplina.

Los miembros de las Arcas se dividen en dos categorías: Caballeros y Aspirantes.

Los miembros de las Arcas se reúnen cada semana convocados por sus respectivos Gobernadores.

Artículo Quinto

El Gobernador-General posee una autoridad absoluta: nombra o revoca el nombramiento de los miembros de la Orden, quienes únicamente responden ante él.

Ejerce los poderes regulares, emite decretos y asegura su cumplimiento.

Los representantes o enviados que surjan de otras Órdenes, serán acreditados ante él. También negocia y ratifica los acuerdos externos.

Si por una razón cualquiera el Gobernador-General se ve impedido para ejercer sus responsabilidades, puede designar un miembro de la Orden para reemplazarlo.

En el caso de no designación o impedimento, podrá ser reemplazado por un miembro de la Orden para ser elegido por el Templo con una mayoría de siete votos.

Con la misión de juzgar, con independencia de su grado, a los miembros acusados de haber cometido delitos en el ejercicio de, o con relación a sus funciones, así como de ser co-autor o cómplice de los miembros *ut supra*, el Templo se reunirá como alto tribunal de justicia, cuando así se lo encomiende el Gobernador-General.

Se podrán imponer multas y, en los casos graves, la Alta Corte podrá solicitar la degradación, e incluso la expulsión.

Artículo Séptimo

La Orden está rigurosamente cerrada a los Judíos y a cualquier miembro reconocido como perteneciente a la orden judeo-masónica.

Está formalmente prohibida la discusión dentro de la Orden de temas políticos.

Dado en el Arca Central el 27 de Diciembre de 1937
Pierre de FRANCE, Gobernador-General

Anexo II
Los Estatutos
del 7 de Mayo de 1956

El Priorato se dota de los siguientes Estatutos:

«Priorato de Sión»
Caballería de Institución y Regla Católica
Unión Independiente Tradicionalista

Estatutos

**Asociación regida por la ley de 1° de Julio 1901
y Decreto de 16 de Agosto 1901**

Artículo Primero

Se forma entre los suscribientes de los presentes estatutos y las personas que se adhieran y cumplan las condiciones que siguen, una Asociación regida por la ley de 1° de Julio de 1901, y Decreto de 16 de Agosto de 1901.

Artículo Segundo

La Asociación toma nombre de **Priorato de Sión** Subtítulo: C.I.R.C.U.I.T. (*Caballeria de Institución y Regla Católica y de Unión Independiente Tradicionalista*)
　　Su insignia se compone: un Lis blanco enlazado por un circuito, denominado CRUZ DEL SUR.
　　Su emblema: un Gallo Blanco.

La Asociación tiene por objeto:

La constitución de una Orden Católica destinada a restituir bajo una forma moderna y conservándole su carácter tradicionalista, la antigua caballería que, por su acción, fue la promotora de un ideal altamente moralizador, y el elemento de una mejora constante de las reglas de vida de la personalidad humana.

A este efecto la Asociación, por medio de la cooperación activa de sus miembros, llevará ayuda y protección tanto moral como material a cuantos se encuentren en estado de necesidad, particularmente a los ancianos, los enfermos, etc.

Con la ayuda de sus miembros realizará en el lugar llamado: Montaña de Sión (Alta Saboya), un PRIORATO que servirá de centro de estudios, de meditación, de reposo y de oraciones.

Con finalidad de propaganda, la Asociación publicará un boletín periódico bajo título de C.I.R.C.U.I.T., que tratará de los temas anunciados en el párrafo precedente.

ARTÍCULO CUARTO

La duración de la Asociación es ilimitada.

ARTÍCULO QUINTO

La Asociación tiene provisionalmente su Sede Social en el domicilio del Secretario General: «Sous-Cassan», Annemasse (Alta Saboya)

ARTÍCULO SEXTO

La Asociación está abierta a todos los Católicos de más de 21 años de edad que reconozcan los fines y acepten las obligaciones previstas en los presentes Estatutos.

Las admisiones no son válidas salvo que se realicen legalmente por tres miembros, y en una Provincia que tenga patente legal del Consejo. Cualquier otra forma de admisión en la Asociación estará viciada por ilegalidad.

Para el acta de candidatura es obligatoria una demanda de admisión manuscrita. Después de una indagación, el candidato recibirá una convocatoria.

Se realizarán las admisiones en el contexto de un circuito limitado a 9.847 miembros, sin que intervengan distinciones de lengua, origen racial, clase social e independientemente de cualquier ideología política.

El Miembro debe prever para su acceso al Primer Grado una «VESTIDURA BLANCA» de tejido de lino, siendo a sus cargo los gastos de la compra.

El Miembro de la Asociación contra quien se pronuncie sentencia por un acta del Consejo, en conformidad con la decisión de la Asamblea General podrá verse suspendido de los derechos inherentes a su condición de Miembro de la Asociación o la relativa a sus funciones, y ello de forma provisional o definitiva. Sin embargo podrá recurrir, justificarse o pedir la revisión del acta.

A partir del 1º Grado, cada miembro en situación regular tendrá el derecho de voto.

Artículo Séptimo

El candidato deberá hacer abnegación de su personalidad para consagrarse al servicio de un apostolado altamente moralizador.

En cualquier circunstancia de la vida su deber es hacer el bien, traer asistencia a la Iglesia, enseñar la verdad, defender a los débiles y a los oprimidos.

Artículo Octavo

El derecho de entrada debe ser satisfecho con la demanda de admisión, estando fijada la cantidad en quinientos francos (500 francos).

Será reembolsado íntegramente en caso de no admisión, pero quedará para la Asociación a partir del instante en que se practique la admisión.

La cotización mensual es de 100 francos (cien francos). Dicha participación puede ser abonada en cuotas trimestrales de trescientos francos (300 francos). Las cotizaciones deberán ser abonadas por adelantado, bien en la Cuenta Corriente Postal de Lyon, o bien directamente al Tesorero.

Artículo Noveno

Los Miembros de la Asociación recibirán en el momento de su admisión un carné de Miembro y una insignia distintiva. La autorización para la exhibición y uso de este carné es individual estando prohibida su cesión o préstamo.

El carné deberá ser validado trimestralmente, practicándose la validación durante las reuniones de la Asociación, mediante un sello especial en relieve que portará las iniciales: «A.P.» *(Acquis de Participation)*

Artículo Décimo

Por carta certificada se pondrá en conocimiento del Miembro cualquier erradicación, y del mismo modo se comunicará la dimisión. Las cotizaciones practicadas serán ingresadas por la Asociación en los supuestos de dimisión o erradicación.

La excomunión eclesiástica por la causa que fuere, que afecte a una persona o una secta a la que dicha persona esté afiliada, supone para ella la

«INTERDICCIÓN de ADMISIÓN», y del mismo modo cualquier miembro excomulgado estará excluido de la Asociación de modo definitivo.

ARTÍCULO UNDÉCIMO

La Asamblea General se compone de todos los miembros de la Asociación. Está constituida por – 729 Provincias – 27 ENCOMIENDAS y UN ARCA denominada «K.Y.R.I.A.». Tanto las Encomiendas como el Arca constan de 40 Miembros.

Los miembros se dividen en dos efectivos: la Legión, encargada del Apostolado y la Falange, guardiana de la Tradición.

Los miembros componen una jerarquía de nueve grados.

ARTÍCULO DUODÉCIMO

La jerarquía de nueve grados comprende:

a) En las 729 Provincias	1° Novicio	6.561	miembros
	2° Cruzado	2.187	"
b) En las 27 Encomiendas	3° Esforzado	729	"
	4° Escudero	243	"
	5° Caballero	81	"
C) En el Arca "Kyria"	6° Comendador	27	"
	7° Condestable	9	"
	8° Senescal	3	"
	9° Nauta	1	"

ARTÍCULO DECIMOTERCERO

El Consejo se compone de 20 Miembros (Veinte Miembros) elegidos por mayoría, cumpliendo la función de: Presidente, Vicepresidente, Secretario y Tesorero, Delegados por el Consejo, los anteriores constituyen el Buró. 16 Miembros de las SECCIONES DE DOCUMENTACIÓN.

El Consejo tiene por misión recibir la demandas de admisión y de informar a los candidatos del resultado de sus demandas; de entrar en contacto en nombre de la Asociación, y según los deseos concretos de la Asamblea General, con personas, sociedades y servicios oficiales. El Consejo no puede contraer compromisos importantes sin referirse primero a la Asamblea General y de obtener de ésta los plenos poderes. El Consejo y el Buró se reúnen por convocatoria del Presidente.

Artículo Decimocuarto

Los recursos de la Asociación se componen de: cotizaciones, subvenciones e intereses de sus bienes. Ella puede contraer ciertos compromisos financieros (como préstamos) en vista a adquisiciones de bienes muebles o inmuebles que la Asamblea General estime indispensables para su actividad.

En caso de disolución la Asamblea General nombrará dos ejecutores, determinando sus poderes y las modalidades de las operaciones.

La Asociación estará representada judicialmente por uno o varios hombres de ley, tales como notarios, ujieres, abogados designados por uno o varios miembros del Buró que sean delegados a este efecto

Artículo Decimoquinto

En conformidad con el Derecho Civil, el patrimonio de la Asociación responderá únicamente de los compromisos financieros, muebles e inmuebles, válidamente contraídos en su nombre, sin que ninguno de los Miembros de la asociación pueda ser tenido personalmente por responsable.

Todas las decisiones importantes que comprometan la responsabilidad de la Asociación, deberán ser mencionadas en un registro especial, que incluya la numeración de las páginas, fechas y firmas de los Miembros del Consejo. Igualmente deberán figurar sobre dicho registro las Actas de las reuniones del Consejo.

Las adquisiciones o enajenaciones de inmuebles serán objeto de la declaración prescrita en el Artículo 5 del Decreto de 16 de Agosto de 1901, se añadirá la descripción en caso de adquisiciones, y, en todos los casos, se indicará el precio de la adquisición o de la enajenación. Esta misma cláusula obligará en los supuestos de compra o donación de tierras.

Artículo Decimosexto

De pleno acuerdo con el Consejo, el Tesorero deberá constituir un fondo de reserva destinado: 1° al pago del precio de los alquileres o de compra de los locales que la Asociación está autorizada a poseer; 2° al invertir en mobiliario o inmobiliario, compra de terrenos y construcciones necesarias para cumplir los fines de la Asociación.

Artículo Decimoséptimo

Todos los deseos y las propuestas que se decidan deberán obtener la ratificación de los Miembros por mayoría absoluta de votación.

Las decisiones de la Asamblea General serán consignadas con carácter de Actas. Para su actividad reglada y válida, las Provincias y Encomiendas deberán tener una autorización bajo el título de «Patente», expedida por el Buró del Consejo.

Artículo Decimoctavo

Los Estatutos sólo pueden ser modificados a propuesta del Buró. El consejo encargado de modificarlos debe conseguir los dos tercios de los votos de los Miembros presentes. El proyecto deberá ser sometido y ulteriormente ratificado por la Asamblea General de Miembros.

Artículo Decimonono

En los plazos prescritos, el Buró del Consejo deberá cumplimentar la declaración de las modificaciones en los Estatutos a la prefectura de Policía, Prefectura o Sub-Prefectura, a la Sede Social y a los miembros del Buró. Estas declaraciones deberán ser consignadas en el registro de la Asociación, previamente con el V°B° y sello de la Prefectura. El Buró hará mención igualmente en el registro de la fecha del recibo de la declaración de las modificaciones, conforme al Artículo 5 de la Ley de 1 de Julio de 1901 y artículos 5 y 6 del Decreto de 16 de Agosto de 1901.

Artículo Vigésimo

El Consejo redactara un reglamento interior bajo el nombre de Carta, que determinará el detalle de las condiciones propias para garantizar el cumplimiento de los presentes Estatutos, y la organización interior, los Estudios, las Ceremonias, las reuniones diversas, etc.

Artículo Vigésimo primero

El Buró cumplirá las formalidades exigidas por la Ley para obtener la declaración de utilidad pública.

Annemasse, el 7 de Mayo de 1956
Por la Asociación, por delegación del Consejo
[siguen las firmas]

Anexo III

Cuadro genealógico hasta la Revolución Francesa

ño 448 d.C.: los francos, dirigidos por Meroveo, alcanzan la hegemonía al norte del Loira. 507: tras la derrota visigoda en Vouillé, los francos dominan toda la antigua Galia, excepto la Narbonense. 800: el reino de los francos se integra en el renovado Imperio de Occidente. 843: tratado de Verdún y nacimiento de la Francia independiente. 1789: Revolución Francesa.

REYES MEROVINGIOS

448	Meroveo
458	Childerico I
481	Clodoveo / Clovis
511	Childeberto I (París), Teodorico I (Auvernia), Clodomiro I (Orleans), Clotario I (Soissons)
558	Clotario I
561	Sigiberto I (Austrasia), Chilperico I (Neustria)
575	Childeberto II (Austrasia),
585	Clotario II (Neustria)
596	Teodorico / Tierry II (Austrasia)
613	Sigiberto II (Austrasia)
613	Clotario II (Austrasia y Neustria)
628	Dagoberto I
638	Sigiberto III (Austrasia), Clodoveo II (Neustria)
656	Childerico II (Austrasia), Clotario III (Neustria)
670	Childerico II (Austrasia y Neustria)
674	Dagoberto II (Austrasia), Teodorico III (Neustria)
687	Chilperico II
691	Clodoveo III
695	Childeberto III
711	Dagoberto III
715	Clotario IV
720	Teodorico IV
737	interregno (regencia de Carlos Martel)
743	Childerico III

REYES CAROLINGIOS

752 Pipino El Breve
768 Carlos Carlomagno
814 Luis I Ludovico Pío
843 Carlos I El Calvo
877 Luis II El Tartamudo
879 Luis III
882 Carlomán
884 Carlos II
888 Carlos III
922 Roberto I El Fuerte
     (Capeto)
923 Raúl (no carolingio)
936 Luis IV de Ultramar
954 Lotario
986 Luis V

REYES CAPETOS

987 Hugo Capeto
996 Roberto II
1031 Enrique I
1060 Felipe I
1108 Luis VI
1137 Luis VII
1180 Felipe II Augusto
1223 Luis VIII
1226 Luis IX El Santo

1270 Felipe III El Atrevido
1285 Felipe IV El Hermoso
1314 Luis X Hutin
1316 Juan I
1316 Felipe V El Largo
1322 Carlos IV El Hermoso

REYES CAPETOS: CASA DE VALOIS

1328 Felipe VI
1350 Juan II El Bueno
1364 Carlos V
1380 Carlos VI
1422 Carlos VII
1461 Luis XI
1483 Carlos VIII
1498 Luis XII
1515 Francisco I
1547 Enrique II
1559 Francisco II
1560 Carlos IX
1574 Enrique III

REYES CAPETOS: CASA DE BORBÓN

1589 Enrique IV
1610 Luis XIII
1643 Luis XIV
1715 Luis XV
1774 Luis XVI

Índice